济阳乡村文化

OVERVIEW OF JIYANG RURAL CULTURAL HERITAGE ELEMENTS

遗产要素概览

任震 著

中国建筑工业出版社

U0663608

图书在版编目（CIP）数据

济阳乡村文化遗产要素概览 = Overview of Jiyang
Rural Cultural Heritage Elements / 任震著. —北京：
中国建筑工业出版社，2022.6
ISBN 978-7-112-27457-4

Ⅰ.①济… Ⅱ.①任… Ⅲ.①村落—文化遗产—概况
—济阳县 Ⅳ.①K928.5

中国版本图书馆CIP数据核字（2022）第097248号

责任编辑：唐　旭　吴　绫
文字编辑：李东禧　孙　硕
书籍设计：锋尚设计
责任校对：王　烨

济阳乡村文化遗产要素概览
OVERVIEW OF JIYANG RURAL CULTURAL HERITAGE ELEMENTS
任　震　著

*

中国建筑工业出版社出版、发行（北京海淀三里河路9号）
各地新华书店、建筑书店经销
北京锋尚制版有限公司制版
临西县阅读时光印刷有限公司印刷

*

开本：880毫米×1230毫米　1/16　印张：11¼　字数：344千字
2022年7月第一版　　2022年7月第一次印刷
定价：**158.00**元
ISBN 978-7-112-27457-4
（39058）

序

Preface

乡村文化遗产是文化根脉，是乡愁所系。乡村文化遗产是不可再生、不可替代的宝贵资源，传承着一个地区的悠久历史和博大文化。保护这些珍贵遗产，是对历史负责、对人民负责，让我们以史鉴今、继往开来，有助于增进文化认同、增强文化自信。

习近平总书记在做好黄河流域生态保护和高质量发展工作中，强调要坚持绿水青山就是金山银山的理念，坚持生态优先、绿色发展，着力加强生态保护治理、保障黄河长治久安、促进全流域高质量发展、改善人民群众生活、保护传承弘扬黄河文化，让黄河成为造福人民的幸福河。

济阳是黄河下游一座具有千年历史的文化名城。于1129年置县，因其位于古济水之北，故名济阳。1855年，黄河改道夺济水而入海。济阳在落实黄河流域生态保护和高质量发展国家战略中优势明显、潜力巨大、作用关键。千百年的发展历程，造就了济阳独特的文化魅力，对延续历史文脉、推动济阳向高质量中心城区发展具有重要意义。做好乡村文化遗产保护，是时代赋予我们的责任，更让我们充满信心。

济阳区委、区政府高度重视乡村文化遗产保护。2018年年初，经区委常委会批准，决定将"古村落、古树木、古街区普查和保护利用"作为协商课题纳入全区协商工作计划，区政府专门拨付资金予以重点保障。自2018年7月20日起，区政协动员区政协委员、机关干部、村干部和热心群众等共计200多人，联合山东建筑大学建筑城规学院100余名师生，组成10个调研小组，对全区852个行政村开展全面普查，并重点对284个重点村居进行了深入寻访研究。通过发放调查问卷、入村调研、召开专题座谈会、邀请专家论证等形式，就全区乡村文化遗产要素保护及老城保护与建设等问题进行了深入探讨，形成详细调研报告，策划出版《济阳乡村文化遗产要素概览》和各镇（街道）《遗产要素普查与风貌研究》10册。普查后不久，原属济阳区的崔寨、孙耿、太平三个街道划为新旧动能转换起步区代管，随之而来进入一个新的发展阶段，这些资料就显得更加弥足珍贵。

课题涉及面广、内容繁多，山东建筑大学任震教授带领团队，在历时一年半的普查调研过程中，始终秉持严谨认真的工作态度、专业细致的工作作风，冒着严寒酷暑，深入济阳田间地头、村居开展调研，更是多次亲自带领师生到老城开展详细摸排、深入细致研究，提出了老城保护开发的概念性规划，确保了目前各项成果的取得，也得到了区党委、区政府主要领导的认可。

保护乡村文化遗产是为了子孙的大事、长远之事，关乎济阳的赓续传承。《济阳乡村文化遗产要素概览》一书共分十章：第一章绪论，主要介绍济阳区位环境、建制沿革、济阳古城、乡村遗产特征；第二章主要概括、总结了全区10个镇（街道）的风土人情特征；第三章至第九章主要介绍了济阳比较有代表性、知名度较高的乡村遗产要素，包括典型村落、民居建筑、坛庙陵墓、水工设施、碑幢刻石、古树名木、非物质文化遗产等；第十章对济阳老城区更新进行了设计实践，提出了有机更新的发展理念。本书不仅记录了济阳一批具有历史价值或地域特色的建筑遗存、古树名木、碑幢石刻等，更是留住了大家的"乡愁"，此次"全家福"为区党委政府决策提供了第一手资料，也为父老乡亲留下了美好的记忆。

如今，在各方努力下，《济阳乡村文化遗产要素概览》一书即将由中国建筑工业出版社付梓出版，着实可喜可贺！该书记录着文化传承，铭刻着岁月印迹，汇聚着精神追求。相信该书的出版，能够唤醒人们对家乡传统村落的保护意识，保留并延续传统村落的生活气息、风土人情、传统习俗，并不断传承下去，焕发出新的活力，真正让济阳人守得住历史记忆，记得住乡情乡愁。

该书能够顺利出版，凝聚着方方面面的智慧和汗水，得益于区委的正确领导、区政府的大力支持以及社会各界的支持和帮助。在此，特别要感谢山东建筑大学城规学院任震教授带领团队为我们带来的"饕餮盛宴"！

任道胜

2021年12月

前　言

Foreword

　　黄河是中华民族的发祥地，是炎黄儿女的母亲河，是华夏文明之树绵延不断的根，孕育了悠久的历史和璀璨的文化。今天，在济南新旧动能转换先行区北跨东延、携河发展，打造"镶嵌在黄河流域的最具现代化特征的璀璨明珠"的背景下，济阳撤县设区迎来了承接北部新城融合发展的历史性时刻。但同时，一些传统村落因新城空间的拓展面临消失，迫切需要对其中承载着记忆和历史的乡村文化遗产要素进行保护挖掘，为进一步弘扬传统文化、做好传承保护和创新发展做出时代响应。

　　2018年7月，山东建筑大学建筑城规学院发挥建筑、规划、风景园林专业优势，与济南市济阳区政协联合开展的"济阳乡村遗产要素普查调研"工作在济阳清宁村正式启动，开始了我们对济阳这块黄河岸边古老和充满文化积淀土地的探索。在前期发放调查问卷对济阳800多个村庄进行初步遴选之后，100多名建大师生与区政协委员、机关干部等组成10个调研小组，克服高温酷暑对其中近300个村庄展开了深入细致的入村田野调查。通过对调研资料分析整理和深入研究后，完成了全区十个镇街60余万字的调研报告，并对具有典型中华人民共和国成立初期风貌的济阳老城进行了城市更新设计研究。在2019年9月召开的"济阳乡村遗产要素调查与研究课题"学术研讨会中，成果受到与会省内外专家高度肯定。这一活动不仅对济阳意义重大，也给参加调研的广大青年教师和高校学子留下了终生难忘的记忆，极大地激发了祖国未来建设者的家国情怀和使命担当精神。

　　继而以本次调研成果为重要依托的《济阳乡村文化遗产要素概览》一书应运而生，为济阳记录了宝贵的历史资料，为更好地弘扬济阳优秀传统文化、全面推进美丽宜居乡村建设和城市更新转型发展，实现守得住历史记忆、留得住青山绿水、记得住乡情乡愁作出了基础性的重要贡献。

　　2021年10月，习近平总书记考察山东并在济南市主持召开深入推动黄河流域生态保护和高质量发展座谈会，强调要咬定目标、脚踏实地，埋头苦干、久久为功，为黄河永远造福中华民族而不懈奋斗。为积极响应这一重大国家战略部署，进一步讲好"黄河故事"山东篇章，以习近平总书记重要讲话精神为指引，我们对本书的内容进行了进一步的梳理和完善。

本书的写作和调研由山东建筑大学任震教授组织策划并统稿定稿，内容共分十个章节，分别从绪论、镇街综述、典型村落、民居建筑、坛庙陵墓、水工设施、碑幢刻石、古树名木、非物质文化遗产和老城更新设计研究展开，系统全面地向读者展示了济阳鲜活的乡村历史文化要素。

各部分参与者如下：第一章，张文波、杨晓璇；第二章，任震、张文波、杨晓璇；第三章，任震、杨晓璇、高晓明；第四章，王茹、韩广辉、石涛；第五章，陈勐、高晓雷；第六章，任震、刘雨桐；第七章，任震、高晓雷；第八章，王越、刘雨桐；第九章，于涓、宋莉萍；第十章，周忠凯、陈瑾、齐心怡。刘雨桐对全书的汇稿和图片绘制、整理起到了重要作用。

值此付梓之际，回顾本书的诞生历程，本书是凝聚了各方努力的共同结晶。在此向济南市济阳区政协任道胜主席带领的政协课题组成员，中国建筑工业出版社胡永旭副总编辑、李东禧编审、唐旭主任、吴绫副主任及孙硕编辑在写作过程中给予的指导和帮助致谢，你们的支持使得我们的工作更加奋进。

同时由于作者水平和时间精力所限，本书难免存在错漏和不周之处，敬请读者不吝批评指正。

2021年12月

目　录

Contents

第二章　镇街综述

第六章　水工设施

第十章　济阳老城区更新设计研究

附录一　调研回顾

附录二　济阳村落分布示意图

附录三　济阳老城航拍图

参考文献

后记

第一章　绪论

济阳因位于济水之阳而得名，伴黄河而兴盛。历史悠久，名人圣贤辈出，文化底蕴深厚，境内文化遗产与文物遗迹众多，发展历史可追溯到虞舜夏朝时期，有孔子游历济阳、研修韶乐，留下"子在齐闻韶，三月不知肉味"的千古美谈。

今天，黄河流经济阳境内5个镇、73个村庄。历史上，黄河多次改道，北上海河，南侵淮海。清代同治五年（1855年）6月，黄河在河南兰考铜瓦厢决口，滔滔黄水夺路北去，穿过运河，经小盐河夺大清河（古济水）河道，并由此注入渤海，为现今河道。此次改道，结束了黄河700余年夺淮入东海的历史，由山东入海使之重新回到了北流的途径上。《山东通志（卷三）》（清乾隆元年）记载"济阳县在大清河之北，本漯沃也，自大清河归漯沃入海，通得济之名，故曰济阳。"作为黄河下游中心城区紧邻黄河的区县，对其蕴含丰富的乡村文化遗产要素进行传承保护，在今天的高质量发展背景下具有积极的时代意义。

本章将从区位环境、建制沿革、古城演变以及乡村遗产特征四个方面，总体介绍济阳的城镇发展历程和空间风貌特色。

第一节　区位环境

一、地理区位

济阳区隶属于山东省济南市，位于黄河下游北岸，鲁西北平原南部。南隔黄河与济南市历城区、章丘区和邹平市相望，东北部与惠民县、商河县接壤，西北部与临邑县、齐河县相连，西南部毗邻天桥区，介于北纬36°41′～37°15′、东经116°52′～117°27′之间，总面积约1076平方公里（图1-1-1）。现辖济阳、济北、回河、垛石、曲堤、孙耿、崔寨、太平8个街道，仁风、新市2个镇，832个行政村居，共有25个民族，2020年统计常住人口约56.88万人，其中汉族人口占总人口的97.86%。[①]

济阳区区位优越、交通便利，向西、向南与济南市主城区相接，其中孙耿街道、崔寨街道、回河街道已纳入济南新旧动能转换先行区规划区域。向东与济南市东部新区相接，距市政府40分钟车程，到遥墙国际机场15分钟车程。境内有2条国道、2条省道、3条高速通过，设有6个高速出入口（图1-1-2）。

二、气候物产

济阳位于暖温带半湿润季风气候区内，具有北暖温带半湿润季风气候特点，四季分明，雨热同季，光照充足，年平均气温12.8℃，年平均无霜期195天，年太阳辐射量124.4千卡/平方厘米，年降雨量600毫米左右，降水多集中在7～9月份。境内优越的自然地理环境孕育了丰富的物产，形成了粮棉、瓜菜、畜牧、林果四大优势产业，"一镇一品"特色农业发展格局已初步建立，涌现出太平街道"太平宝"牌西瓜、济阳街道"稍门"牌黄河大米、曲堤街道"曲堤"牌黄瓜、垛石街道"垛石"牌樱桃西红柿、崔寨街道"绿阳"牌香瓜、仁风镇"仁风"牌西瓜等一大批畅销国内外的农产品，并先后荣获全国粮食生产先进县、全国蔬菜产业先进县等称号。

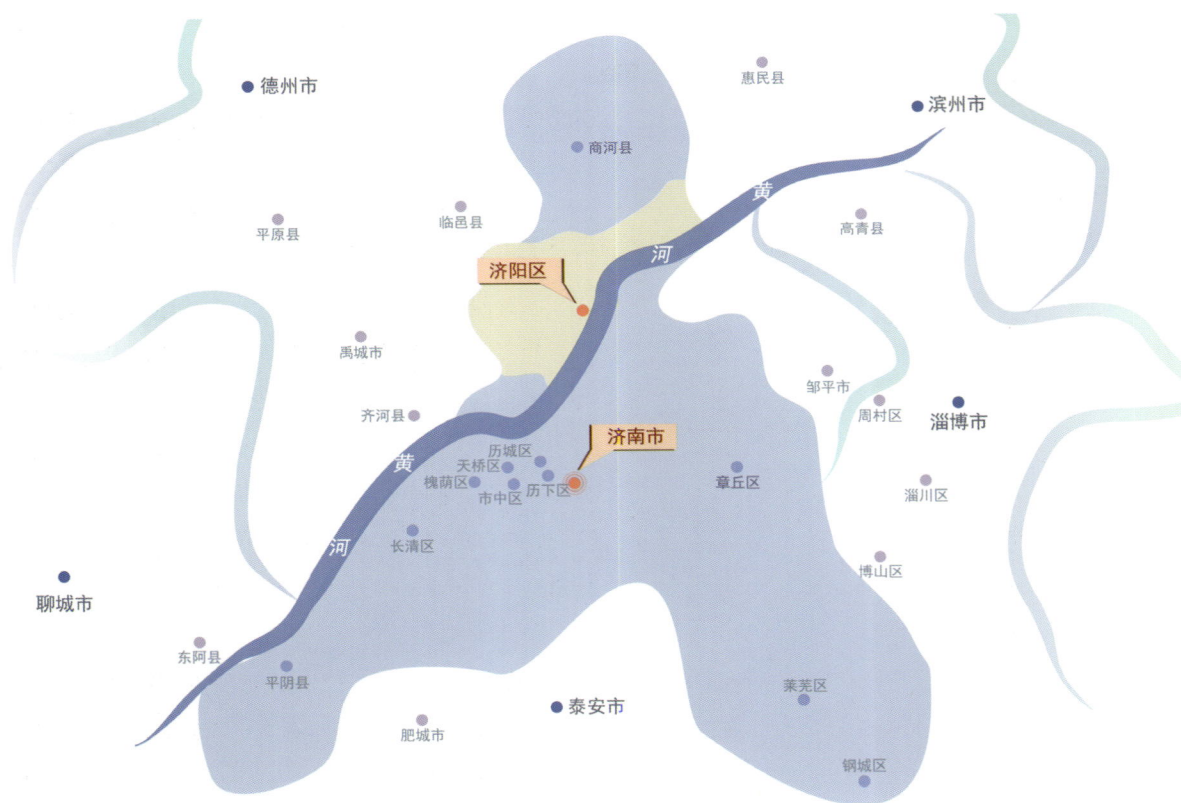

图1-1-1　济阳区位示意图

① 资料来源：《济南市济阳区人民政府》官网。

三、自然山水

济阳地势平坦，无山川分布，境内有三条主要水系穿越。黄河流经济阳南部、东部，从崔寨街道解家村入境，自西南向东北途经崔寨、回河、曲堤等8个镇办，过境流长56.5公里，滩区面积53.4平方公里；徒骇河流经济阳北部，从太平街道殷桥村入境，自西南向东北途经太平、新市、垛石等5个镇办，过境流长56.4公里，流域面积880多平方公里；土马河流经济阳北部，从新市镇李惠野村入境，过境流长18公里，流域面积150多平方公里。此外，另有提水渠26条、排水渠14条等大干支流遍布境域（图1-1-3）。

图1-1-2　交通联系示意图（来源：刘雨桐 绘）

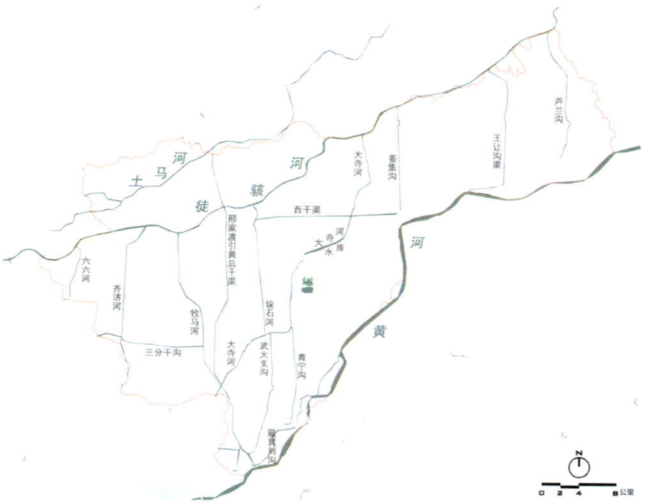

图1-1-3　河道水系分布示意图（来源：刘雨桐 绘）

第二节　建制沿革

一、古代时期

虞舜至夏朝时，济阳为部落酋长季则氏之地。

商初，济阳为逄伯陵方国之地。姜集乡刘台西周墓中出土的铜器上，多铸有"浲"字，可作为商初济阳为逄伯陵之地的佐证。

商末，济阳为古国蒲姑之地。

西周初，吕尚封于齐国，灭蒲姑，济阳遂为齐国地。

春秋战国时期，济阳为齐国的犁邑、著邑、崔邑等地。

秦代推行郡县制，济阳西部为漯阴县地，其余为著县地。两县先属齐郡，后属济北郡。

西汉时，济阳西部仍为漯阴县地，中部为著县地，东部为朝阳县、菅县地。漯阴县属平原郡，其余三县属济南郡。

东汉时，济阳仍为以上四县地，四县均隶属济南郡。

三国时期，置县及隶属情况同东汉时。此时济阳为魏国辖区。

西晋时，撤销菅县，济阳为漯阴县地、著县地、朝阳县地，均隶属济南郡。

东晋时，济阳先后为"十六国"中后赵、前燕、前秦、后燕、南燕等国地，所属郡县不详。

南北朝时期，济阳先为南朝刘宋的侨临邑县、侨高唐县与著县、朝阳县地。侨临邑县属侨魏郡，侨高唐县属侨平原郡，著县、朝阳县属济南郡。后为北朝元魏辖区，再后为北朝高齐所置临邑县与侨高唐县（朝阳县并入其中）地。临邑县属安德郡，侨高唐县属东平原郡。

隋初，又置朝阳县。公元596年，改朝阳县为临济县，改侨高唐县为章丘县。济阳时为临邑、临济、章丘三县地，隶属齐郡。

唐、五代时，济阳置县情况同隋代，各县均属齐郡。

北宋时，临济县并入章丘县，济阳遂为临邑、章丘两县地，隶属山东东路齐州。1116年，齐州升格为济南府后，临邑、章丘两县均隶属济南府。

南宋时，济南府知府刘豫降金，济南府遂为金国地。是年11月20日，割章丘、临邑二县各一部境域置一新县。因济阳地处济水之北，故命名为济阳，时属济南府。

元代，济阳隶属中书省济南路。

明、清两代，济阳隶属山东省济南府（图1-2-1）。

二、近代时期

1913年，废府置道。济阳隶属山东省岱北道，次年改岱北道为济南道。

1927年，济阳直属山东省。

1943年7月，抗日民主政权冀鲁边区行政区将济阳并入齐济县。

1944年1月，撤销齐济县，恢复济阳县，隶属渤海行政区第二专区。

1949年7月25日，撤销第二专区，建立泺北专区，此时济阳隶属泺北专区（图1-2-2）。

三、现代时期

1950年5月9日起，自中华人民共和国成立之后，济阳隶属德州专区。

1956年2月24日，改属惠民专区。

1958年12月29日，济阳并入临邑县，隶属聊城专区。

1960年秋，改属淄博专区。

1961年10月5日，济阳建制恢复，隶属德州专区（1978年7月1日，德州专区改称德州地区）。

1990年1月1日，济阳划归于济南市，为市管县。

2018年6月，将大桥街道办事处及济阳崔寨、孙耿、太平3个街道办事处划归先行区管委会代管。

2018年10月1日，经国务院批准，济阳县撤县设区，区划调整为济南市济阳区。

2020年3月，省政府批复支持济南高水平规划建设济南新旧动能转换先行区。

2021年4月，济南新旧动能转换起步区正式获国务院批复设立。济南成为继雄安新区之后，全国第二个拥有起步区的城市。

2021年10月，国家《黄河流域生态保护和高质量发展规划纲要》出台，明确提出"支持济南建设新旧动能转换起步区。"

第三节　济阳古城

一、发展演变

济阳古城历史悠久，自金天会七年（1129年）置县以来，历经修缮。

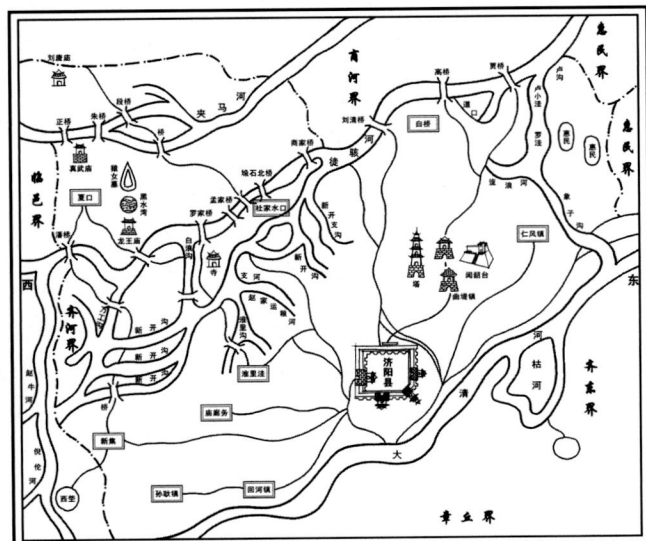

图1-2-1　清乾隆年间济阳县境示意图（来源：刘雨桐 绘）

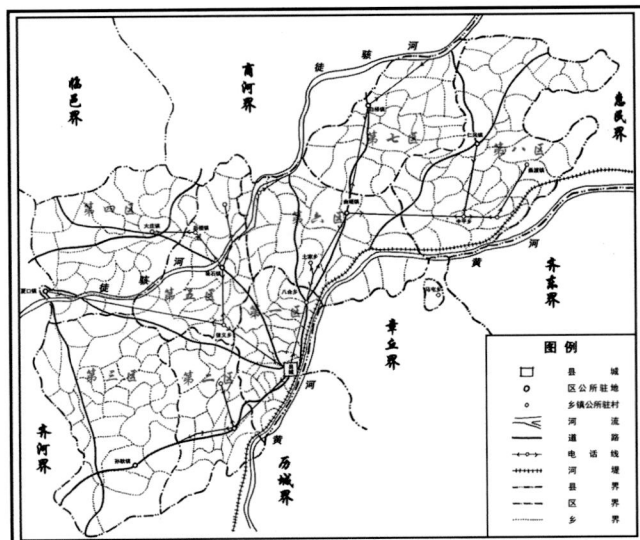

图1-2-2　民国时期济阳县境示意图（来源：刘雨桐 绘）

金

济阳置县始于金天会七年（1129年）①，同年古城始建。

据《山东通志》（卷四）记载"济阳县城，金置县，天会七年建土城，周四里零高二丈八尺、厚二丈；池阔一丈余、深八尺；为三门：东曰仁风、西曰泰和、南曰清阳，上皆有楼，原悬钟于南楼之上。"

明

明代，古城由于诸多历史因由，历经数次修缮和环境整治。

"成化十八年，县令张镗，以旧城日低，未及二余丈，复为捐修，增而高之。"

"明成化二十一年，县令张端，以邑患卑涝，乃疏通水道，引城中水入池，达于河。城傍植柳树数千株，以固其基，居民称便。"

"万历四年，知县秘自谦，易土为砖。"

"万历十九年，县令蔡惟忠，环城建敌台十五座。因台起堡，亦如之。"

"万历三十七年，县令侯加乘，以城渐倾圮，复营缮之。自垛口、敌台以至马道、城楼、城壕俱加修葺。"

"隆庆丁卯后，城北上建大堡三间，以扶主星。城东南建堡一间，以当文峰。北关旧有水患，因筑堤障之。南门增高者三尺。东门外旧铺，久废为瓦砾场，乃创建关壮缪祠，祠后仍建屋五间，为邮舍。"

清

清代，古城在前朝基础之上进行了数次修缮，尤其是门楼、堡堞等。

"康熙六十年，县令司徒珍捐资重建城楼、堡堞及谯楼等，识诸碑。移南楼钟于谯楼之上。"

"乾隆五十七年，县令魏礼烨，领帑重修，至五十九年四月二十九日工竣，焕然一新。"

"咸丰十一年，县令杨汝绥，劝募捐款，将城垣东南两段塌缺处，修补见新。"

"同治六年，县令汪昉，将城楼、城墙、城垛口并炮台，凡有坍塌残缺之处，一律修筑完固。"

中华民国

民国期间，古城经历数次较大改动、修缮甚至破坏。

"民国三十七年，县令杨光衡，将三城门及门楼，重新改建，并将东门改为中山，西门改为振武，南门改为中正。"

"民国十八年春，县令李景福，督同地方士绅，征集民夫，将城墙里面用土培成斜坡形，以固基础。并将城外墙面，上下修补见新。城壕亦略事挖掘。"

"民国十九年夏间，晋军入城，将城墙挖掘壕洞，以作防御工事。大好城垣，竟成破壁。县令路大遵，又召集地方士绅，鸠工修补，崭新可观。"

"1937年11月13日，日本侵略军入侵济阳，架炮于黄河堤上轰击县城，城墙再受损伤。城内军警及联庄会会丁（民国县政府组织训练的民间壮丁）以城墙为屏障坚守抗敌，成为鲁北各县的抗日典范。军民在城墙上挖了防空洞及作战工事，城体虽受创伤，却为抗击异族侵略光荣地做出了贡献。"

"1947年7月中旬，解放军渤海军区特务一、二团在济阳县大队的配合下，第二次解放济阳城，与国民党三十六师一〇六团激战，炮火中城墙受到重创，至此，墙体已是千疮百孔、残破不堪。"

中华人民共和国成立

中华人民共和国成立后，为了争取更多的发展空间以适应人口增长和经济发展日益增加的需求，残破、失修的古城墙遭到拆除，护城河也被填平。至此，绵延八百余年历史的济阳古城墙消失于历史陈迹之中。

"1949年8月，中国济阳县委、县政府迁入县城……公用建筑已成一片废墟，机关团体暂借民房寄居。1953年县城开始基本建设，1956年以后，县城建设突破旧城县域，向西、北两个方向扩展。"

"中华人民共和国成立后经过四十年的建设，县城面貌发生了巨变。1990年，城区东起黄河大堤，西至杨家寨村，南起黄河大堤，北至榆梁村，总面积4.5平方公里，比老城区扩大了12倍多。"

---

① 据明《济阳县志》（明万历）记载"金天会七年，割章丘标杆镇及临邑之地建济阳县。以济水绕其南，故曰济阳。"

老城区的历史陈迹不仅是记载时代变迁的特殊符号，也是几代人心中难以磨灭的记忆。近年来随着新城的崛起，济阳区形成了"一区双城"的空间格局，老城已成为一座高楼大厦间留存的"孤岛"（图1-3-1）。

图1-3-1　由黄河大堤俯瞰济阳老城

二、空间格局

济阳古城城郭基本形态为方形，在东南角顺黄河之势进行曲化。城内空间肌理紧密有机，具有水绕城郭、水城相依的景观格局特征。

古城主要道路结构为丁字街与老城街构成的"十"字形骨架，另有健康街、临河街和张家胡同、学堂巷等纵横交错的街巷，形成有机错落的空间脉络（图1-3-2～图1-3-4）。古城设有东、西、南三座城门：东门名"仁风门"，西门名"泰和门"，南门名"清阳门"。古城没有设立北门，因城北地势低洼，常年积水，设门易向城内灌水。此外，城墙外有护城壕一道，沿城墙绕城一周，深八尺，宽一丈有余[①]（图1-3-5～图1-3-7）。

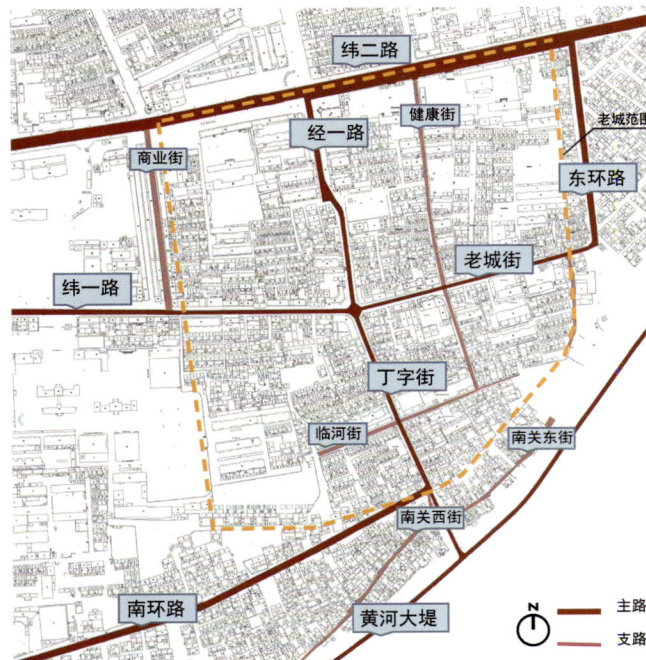

图1-3-2　济阳古城街巷示意图

图1-3-3　济阳古城街巷路标

① 李慧广. 历史的济阳［M］. 济南：济南出版社，2018：18-19.

图1-3-4　济阳古城街巷实景

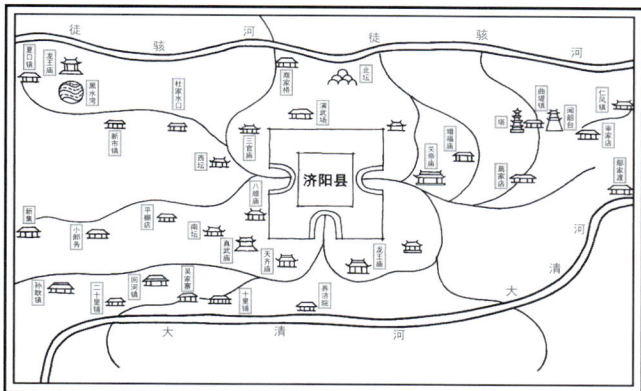

图1-3-5　明万历年间济阳县境图（来源：刘雨桐 绘）

图1-3-7　民国时期老县城地图（来源：齐心怡 绘）

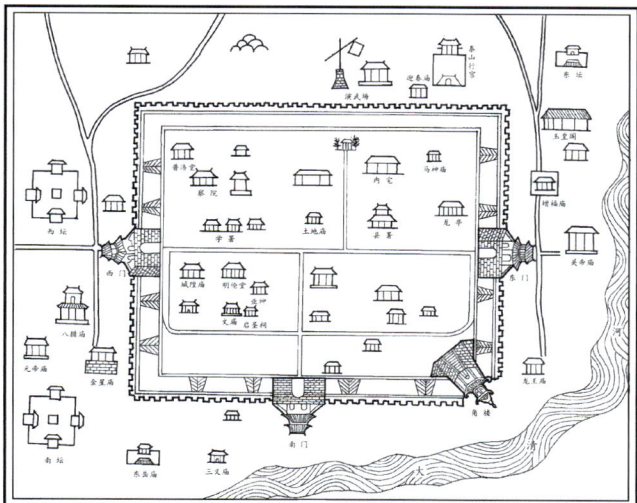

图1-3-6　清乾隆年间老县城地图（来源：张涵冰 绘）

历史上古城城墙采用"易土为砖"方式筑成。在开挖坑塘和护城河时就地取材用泥土堆砌城墙的墙芯，后在外包裹土坯砖加以稳固，使城墙的防御性能得以提高。经历了抗日战争的炮火后，古城墙遭受重创，随着中华人民共和国成立后县城的发展，原有残缺的城墙逐渐被拆除，城砖也被居民挪于自家房屋建设。今天，在临河街40号民居院外墙上仍可看到当年用于砌筑的城墙土坯砖，尺寸为43毫米×22毫米×12毫米；城墙拆除后的用地被作为道路和宅基使用，在南部丁字街12号民居和南东关街9号民居院内中还留有可辨的城墙基础和淤塞的护城壕沟遗址（图1-3-8、图1-3-9）。

　　从USGS（美国地质勘探局）卫星地图网站上获取了1956年的济阳老城影像图，图中较为清晰地展示了当时的城市周边环境、老城边界、城市空间形态、自然生态本底等要素。古城水系由城内坑塘和城外河渠通连组成，具有"排蓄并举"的功能，对济阳古城的防洪排涝和人们的生产生活起着重要作用。由于保护意识的缺乏，20世纪70年代后城内原有水系随着人口和建设的增加逐渐被填平使用，失去了老城原有的生态基底和景观风貌（图1-3-10）。

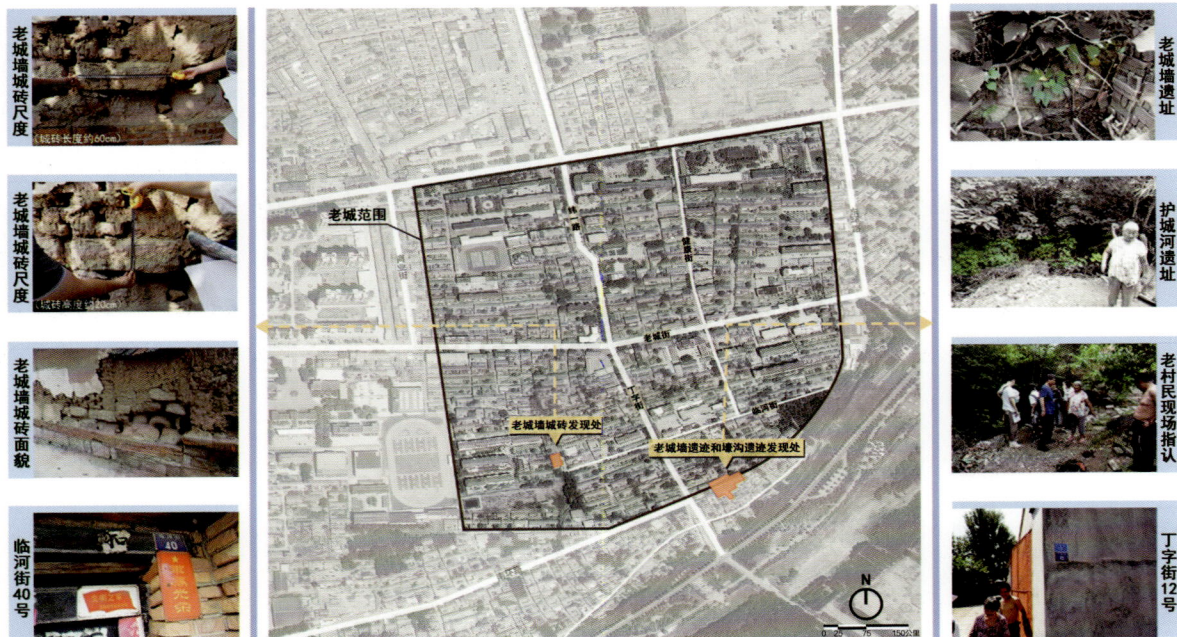

图1-3-8　老城墙遗址分布图（来源：刘雨桐 绘）

图1-3-9　老城墙遗址与护城壕沟遗址现状

图1-3-10　济阳古城水系演化示意图（来源：齐心怡 绘）

地处黄泛区的古城土地较为盐碱，适宜榆树、槐树、柳树等根系发达、耐盐碱树种生长。城内多栽种槐树或梧桐树，呈现出一家一树、一户一景的生活情景，今天可以看到编号001的唐槐仍完好地保留在居民家中。总体来看，今天城内绿化空间主要沿十字街主路线状分布，面状分布较少，多位于被废弃的坑塘之上（图1-3-11、图1-3-12）。

三、建筑特色

作为县城驻地，古城建筑类型主要分为公共建筑、生产建筑和居住建筑等。

中华人民共和国成立后至改革开放初期，古城公共建筑类型主要为办公建筑、商业建筑、文娱建筑等，如分布在十字街周边的招待所、新华书店、电影院和农机公司等，建筑层数以单层为主，少数2层，建筑材质多为清水红砖和素混凝土结合，立面设计手法注重细节和比例尺度；改革开放后至20世纪90年代初期，在老城街东侧新建了法院、检察院、公安局、文化局、河务局等5~6层办公建筑，为瓷砖贴面的现代主义风格建筑；后随着纬二路拓宽又沿路新建房管局、安全监督局、粮食局等办公建筑。2016年新城区政务中心落成使用，大部分公共职能单位搬进政务中心办公后，已完成阶段使命的公共建筑多处于闲置或出租他用状态，仅有公安局、河务局等少数单位仍留在老城区办公。居住建筑类型主要以早期单层合院式民居为主，后期各单位见缝插针自建的多层家属楼散落式分布，具有尺度宜人的空间肌理。由于缺少人性化公共活动空间，加之生活基础配套严重不足，导致人口逐渐外流，老城呈现了一种缺乏活力的衰败态势（图1-3-13~图1-3-16）。

榆树，胸径40厘米左右，树龄40~50年

榆树，胸径40厘米左右，树龄40~50年

梧桐，胸径40~50厘米，树龄40~50年

唐槐，胸径40厘米左右，植于唐代

梧桐，胸径40~50厘米，树龄30~40年

构树，胸径30~40厘米，树龄30~40年

梧桐，胸径60~70厘米，树龄40~50年

梧桐，胸径40厘米左右，树龄30~40年

榆树，胸径40厘米左右，树龄40~50年

国槐，胸径30~40厘米，树龄50~60年

图1-3-11 济阳古城部分古树名木分布图（来源：张金超 绘）

图1-3-12 古树名木唐代槐树

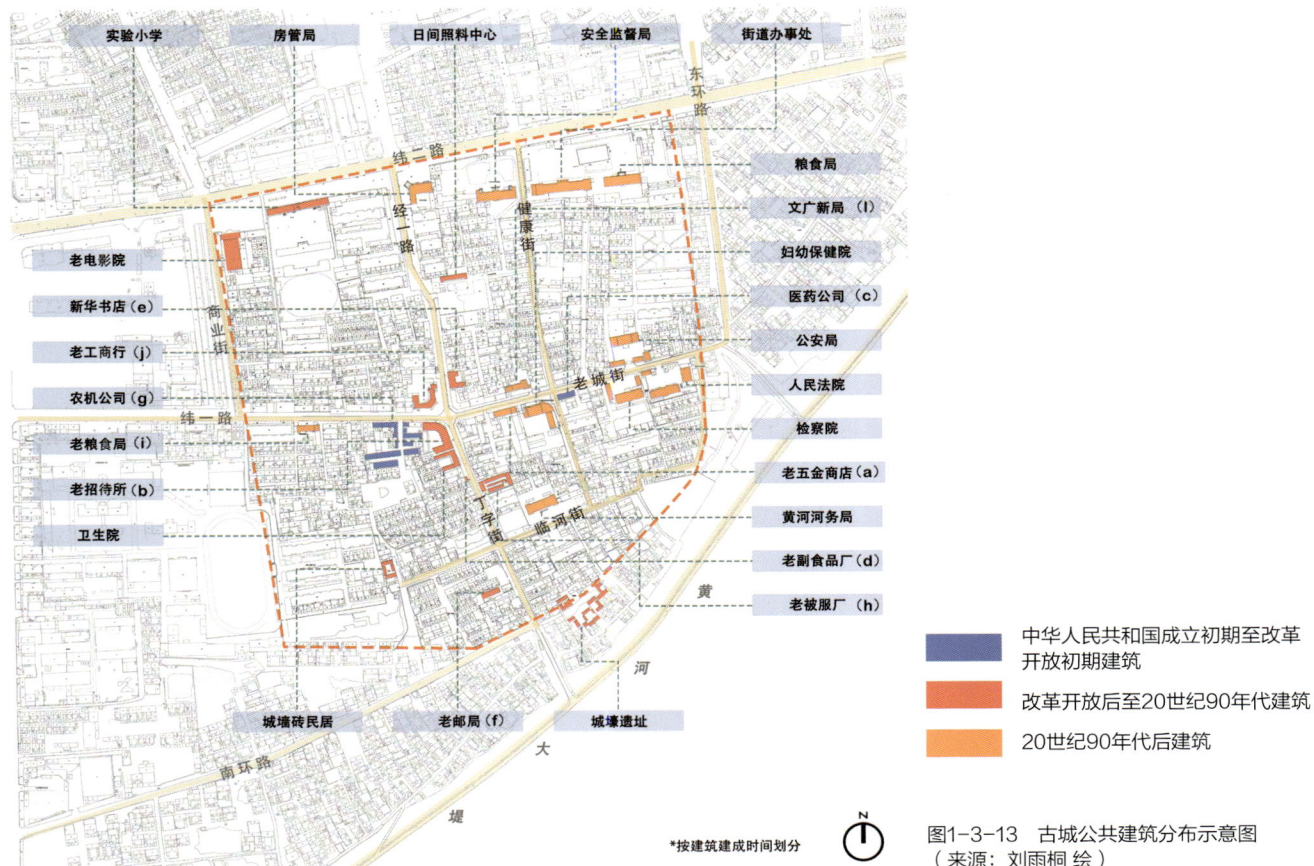

实验小学   房管局   日间照料中心   安全监督局   街道办事处

东环路

纬二路

经一路

健康街

粮食局
文广新局 （l）
妇幼保健院
医药公司 （c）
公安局
人民法院
检察院
老五金商店（a）
黄河河务局
老副食品厂（d）
老被服厂（h）

老电影院
新华书店（e）
老工商行（j）
农机公司（g）
商业街
老城街
纬一路
老粮食局（i）
老招待所（b）
卫生院
丁字街
临河街

黄

河

城墙砖民居   老邮局（f）   城墙遗址

大

堤

南环路

中华人民共和国成立初期至改革
开放初期建筑

改革开放后至20世纪90年代建筑

20世纪90年代后建筑

*按建筑建成时间划分   N   图1-3-13   古城公共建筑分布示意图
（来源：刘雨桐 绘）

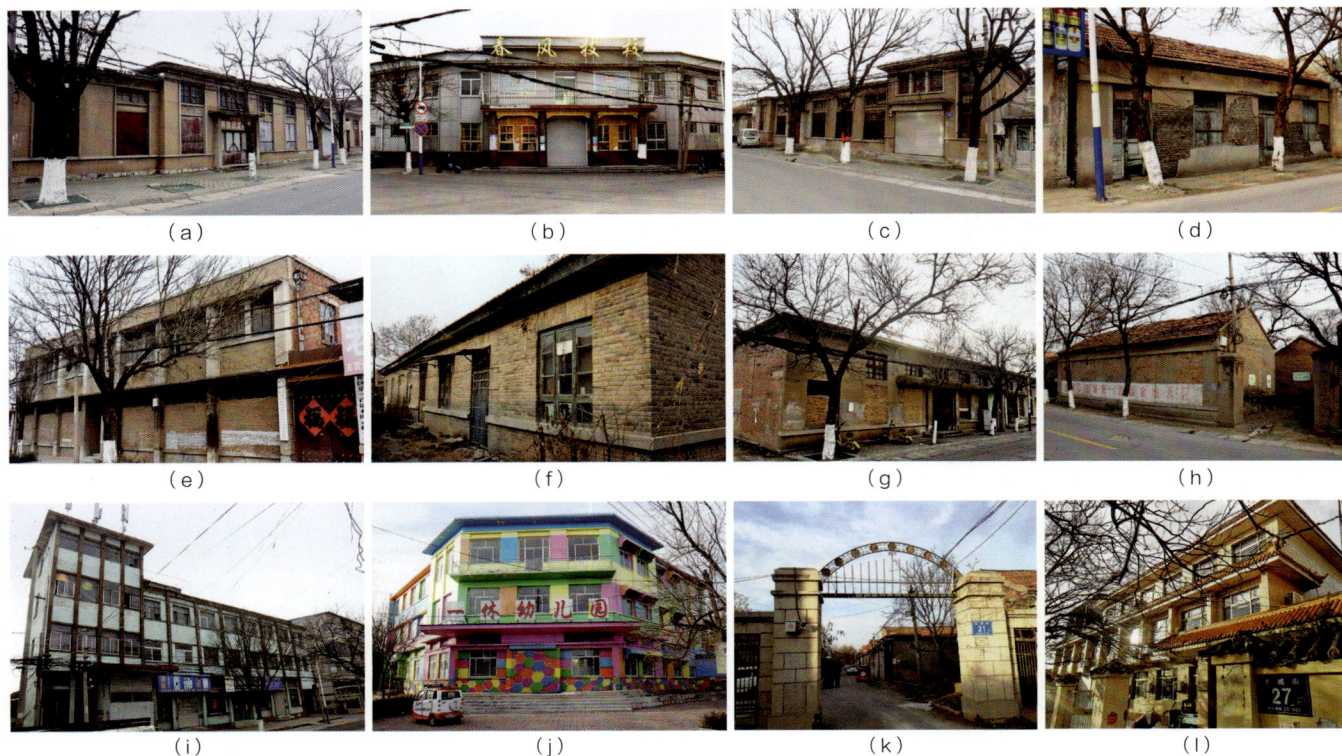

（a）   （b）   （c）   （d）

（e）   （f）   （g）   （h）

（i）   （j）   （k）   （l）

图1-3-14   古城公共建筑实景

图1-3-15 古城民居建筑分布示意图
（来源：刘雨桐 绘）

图1-3-16 古城民居建筑实景

第四节　乡村遗产特征

　　济阳地势平坦，交通发达，区位条件优越，黄河、徒骇河、土马河三条主要河流流经境内，并有众多小支流分布；气候适宜，四季分明，雨热同季，光照充足，优越的自然地理环境孕育了丰富的物产。在位于黄河下游冲积平原这一特殊地理环境的前提下，在当地独有的人文历史文化的影响下，济阳经过长期的历史演进和变迁，沉淀了境内特色鲜明且具有地域特征的乡村文化遗产。

一、类型多样

　　经过对济阳乡村遗产要素的梳理与归纳，将其类型多样的乡村文化遗产分为物质文化遗产和非物质文化遗产两大类。其中，物质文化遗产有历史名镇、典型村落、民居建筑（含宅邸、民居）、坛庙陵墓（含清真寺、陵墓遗址、祠庙书院）、水工设施（含黄河险工、壕沟寨墙、堤坝渡口、桥涵井闸）、碑幢刻石、古树名木等类型；非物质文化遗产包括民间艺术和传统技艺两大类型。

二、风格多元

　　济阳乡村遗产形式风格具有多元丰富的特点。物质文化遗产所依托的村落格局、民居建筑体现了古人高超的营建智慧和富有地域特色的建筑构造技艺；坛庙陵墓、碑幢刻石等体现了不同时期的历史痕迹、艺术风格和民族风情；各类水

利工程设施体现了独特的生态景观。而民间艺术、传统技艺等非物质文化遗产，因表演形式、制造工艺的不同形成多样化的艺术形式，其中民间艺术中的鼓子秧歌、迷戏、董家伞棍和传统技艺中的黄河泥塑、济阳黑陶、柳编等在济阳民间广为流传。

三、特色鲜明

　　济阳经过长期的历史演进和时代变迁逐渐形成了具有鲜明地域特色的遗产特征。济阳老城、孙耿老镇等留存了完好的街巷格局与传统建筑，成为反映计划经济时期小城镇的缩影；卢氏故居、周氏庄园、白家老屋等民国时期的宅邸，皂李村、前楼村、双柳村等传统民居建筑，粮食口村、刘营村清真寺以及汉代陵墓遗址和明清祠庙书院等，是研究北方建筑的重要案例。非物质文化遗产中，留存至今且数量较多的族谱、地契、匾联、题记等文献资料，记录了济阳的风土人情和民间技艺，是研究和传承济阳历史文化的重要依据。

　　通过以上历史遗存、志书记载和民间流传的方式，形成了济阳具有鲜明地域特色的乡村风貌、历史文化与传承模式。值得一提的是，济阳有着因水而兴的黄河流域文化地景、职能丰富的老镇中心和街巷风貌、多民族聚居的传统文化特征以及以儒风为代表的深厚文化底蕴，这些显著的地域特征具有典型黄河沿岸村镇的景观风貌和历史文化特色，是反映沿黄地域环境特征的载体，是丰富水利设施形成的独特景观，具有悠久历史的文化底蕴和丰富的人文资源，是研究山东地域乡村发展的重要样本。

第二章　镇街综述

  自中华人民共和国成立后建制以来，济阳区划历经十余次调整，现辖济阳、济北、回河、垛石、曲堤、孙耿、崔寨、太平8个街道，仁风、新市2个镇（图2-0-1）。这10个历史悠久且文化积淀深厚的镇街，分布了众多的临黄而居村落，在长期应对黄河泛滥的过程中创造出独具地域特征的空间布局形式和民居建造方式：有因地就势沿黄河斜向布局的济阳街道"斜庄"村；有水村相依、有机共生的崔寨街道清宁村；有生态御黄智慧营建的仁风镇时家圈村"高台房"；有生土营造积极适应黄泛的太平街道邝家村"四梁八柱昝晃木"；有因地就势引水助农的济阳街道葛店村引黄闸水工设施等。同时，源于生活、丰富多样的非物质文化遗产承载着先人们的勤劳智慧和创造才能，是走进济阳历史、感受济阳人文的优秀介质，是弘扬济阳文化、诉说古圣先贤的传播渠道，是展示济阳盛景、彰显济阳古韵的美丽画卷，济阳依靠着得天独厚的区位优势和勤奋努力的古代劳动人民，形成了民间舞蹈、传统戏剧、杂技与竞技、传统手工技艺、民间文学和民间故事等六大类主要非物质文化遗产。

  本章对济阳境内10个镇街的基本情况进行了简要概括，归纳整理了各个镇街重要遗产要素，并提炼总结了各具特色的价值特征，展示了济阳地区丰富的人文历史内涵和地域文化特点。

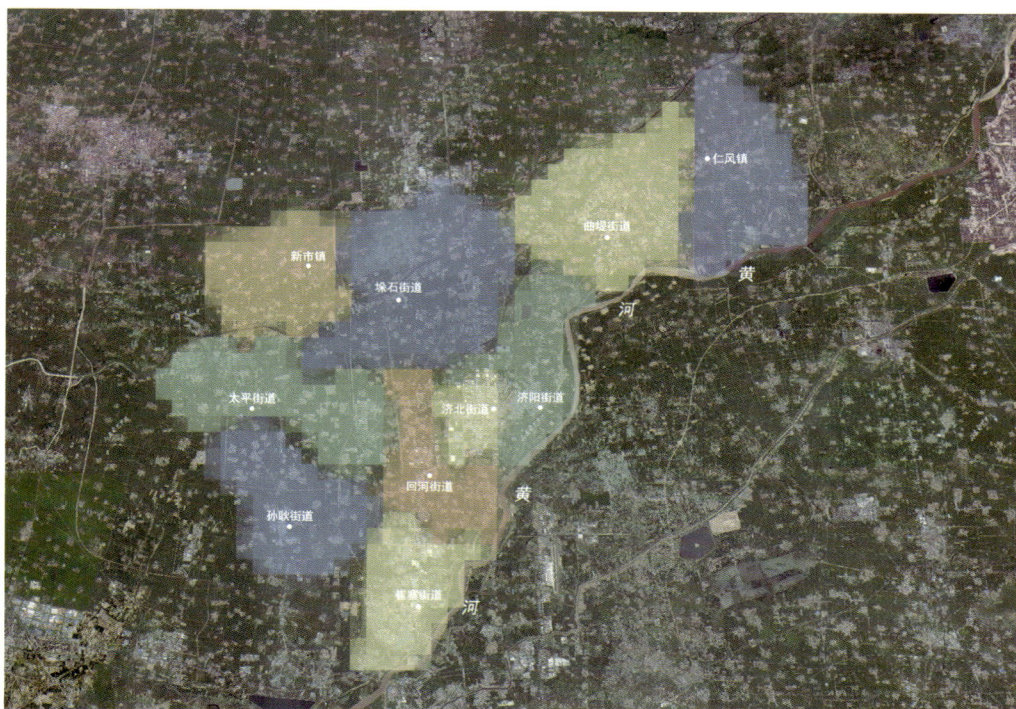

图2-0-1　镇街分布示意图

第一节　济阳：古城斜庄、独具特色

一、基本情况概述

济阳街道为区政府驻地，位于济阳中部，东依黄河，西与垛石街道接壤，南与济北街道、回河街道交界，北与曲堤街道相连，区域总面积91.82平方公里（图2-1-1）。街道办事处驻济阳纬二路6号，下辖77个行政村（居委会），其中55个村委会、22个居委会；总人口8万人，其中农业人口3.8万人，城区人口4.2万人；国道220线、省道248线纵贯南北，交通便利。济阳街道作为济阳整体区域的政治、地理核心，留存了历史悠久的老县城风貌特色，拥有各镇街最长的沿黄界面，形成不拘形式、因地适宜的村落空间。

二、遗产要素特征

（一）典型计划经济时期特征的古城风貌

以春风技校所处十字路口为中心的城里社区是济阳老城核心区域，保留着较为完整的街巷格局和历史建筑，向人们鲜活地展示了计划经济时期我国中小城市的典型风貌，在沿黄下游城市中具有突出的代表性。作为曾经的县城驻地，该区域至今还保留着具有50年历史之久的招待所、新华书店、电影院、五金公司、邮局等历史建筑，对于今天来说，充分发挥其具备的研究价值和旅游资源，做好产业转型和老城的

更新发展，是当前迫切需要解决的问题。

（二）临黄而居村落的斜向建筑布局形态

济阳街道朝阳村位于黄河北岸、大坝外侧。受黄河走向的影响，其民居建筑平行大坝布局，与正南北向成45°角，整个村庄因此形成了斜向布局的结构，故朝阳村被称为"斜庄"。这一别于传统民居正南北向的建造方式，充分说明了古代先民与黄河相生相伴、不拘形式的营建智慧。

（三）因地就势引水助农的水工设施

济阳街道葛店村位于黄河岸边，因河道在此直角拐弯导致村庄多次遭受洪水冲击，故1966年修建防洪大堤和葛店引黄闸，避免了岸堤冲刷灾害，便利了水稻种植区的灌溉，使葛店周围5个乡镇形成了以水稻种植为主、鱼塘养殖为辅的农业生产模式。葛店村整体沿黄河岸边内退两公里而建，由黄河引黄闸引出的灌渠环绕村庄，形成了风景独特的水利景观。

三、遗产分类统计

济阳街道传统建筑共计37处，包括传统民居、祠堂、宫庙及其他传统建筑四类；历史环境要素共计14处，包括古树名木、碑幢刻石及其他（遗址）三类；非物质文化遗产共计5项，包括传统技艺、其他非物质文化遗产两类；文献资料共计9项，包括族谱、县志及碑文资料三类（表2-1-1、图2-1-2～图2-1-4）。

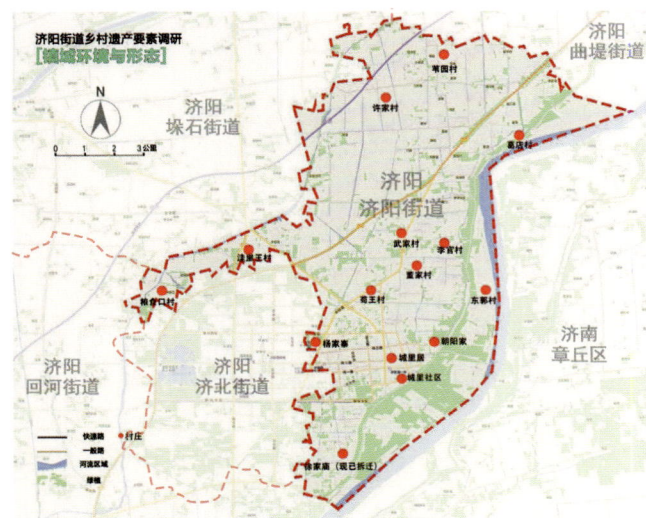

图2-1-1　济阳街道镇域示意图

济阳街道遗产要素汇总表　　　表2-1-1

序号	类型	数量	备注
1	传统建筑①	37	传统民居14处、祠堂1处、宫庙4处、其他传统建筑18处
2	历史环境要素	14	古树名木5棵、碑幢刻石5块、其他（遗址）4处
3	非物质文化遗产	5	传统技艺3项、其他非物质文化遗产2项
4	文献资料	9	族谱6本、志书2本、碑文资料1份

①传统建筑以院落、建筑群为数量单位。

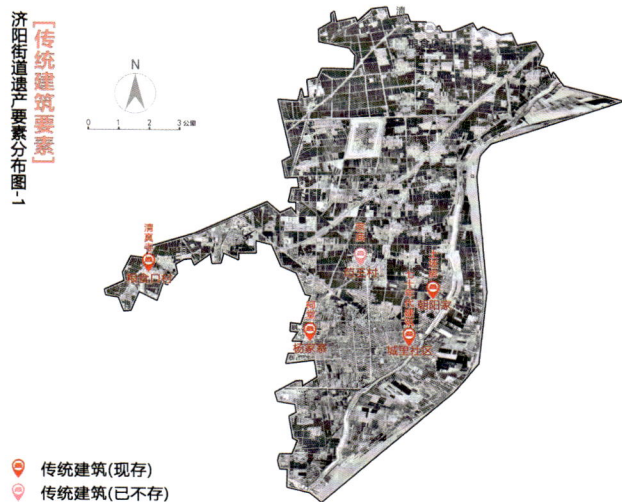

传统建筑（现存）
传统建筑（已不存）

图2-1-2　济阳街道传统建筑要素分布图

历史环境要素（现存）
历史环境要素（已不存）

图2-1-3　济阳街道历史环境要素分布图

非物质文化遗产

图2-1-4　济阳街道非物质文化遗产分布图

第二节　济北：防御村落、因地营建

一、基本情况概述

　　济北街道位于济阳新城区，南与回河街道交界，东邻济阳街道，对其形成三面合围之势，区域总面积42平方公里。下设9个城市社区和1个济北北区管理区，辖33个村（居委会），代管曲堤街道境内11个村，总人口5.1万人（图2-2-1）。交通便利，国道220线、省道248线、249线从区域内穿过，南接济青高速和青银高速，距济南火车东站25公里，距济南国际机场8公里。作为济阳新兴城区的济北街道发展迅速，省级开发区——济南济北经济开发区就位于辖区内，是全区招商引资的主战场，发展了食品饮料、机械电子、纺织服装、生物医药四大支柱产业，拥有全省第一家台湾省工业园。

二、遗产要素特征

（一）防御性居住的水村一体"三生"模式

　　历史上为了抵御洪水、防范匪患，济北街道刘家村于清代晚期开始筑土修筑环村圩子墙，并在圩子墙外形成壕沟。这些环村壕沟不仅是防御工事，也与村内的坑塘和城外的水系相连，起到辅助生产生活和防洪排涝的作用，形成了北方地区少见的水村一体格局。

图2-2-1　济北街道镇域示意图

（二）生土营建虚实相间的开放空间布局

济北街道村落内分布的居住建筑具有结合选址、在地营建的特点。以刘家村为例，其沿村落主干道两侧而建的土坯房居结合圩子墙对村落的围合进行均衡分布、秩序规划。这种模式自然地将村落虚实分区，留出了开放空间，便利了村民们的日常生活交流，形成了良好的人居环境。

（三）源于生活的多样非物质文化遗产

济北街道是一个历史文化遗产丰富的街区，其非物质文化遗产尤为丰富。每逢佳节，刘家村刘氏族人会结合当地的民风民俗举行"送玩"活动，紧密联系了周围杠庄刘姓同族的亲情脉络，促进了同族之间的血脉交流；豆家村的传统小吃——宗记烧饼口味流传范围广泛，已注册为济南著名小吃；还有苏家村的大鼓曲艺、王荣村的针灸、豆家村的打莲子、菅家村的高跷等都已入选区级非物质文化遗产。

三、遗产分类统计

传统建筑共计17处，包括传统民居、宫庙两类；历史环境要素共计10处，包括古树名木、壕沟围墙、井泉沟渠、塔桥亭阁四类；非物质文化遗产共计7项，包括游艺与杂技、传统戏剧、传统技艺及其他非物质文化遗产四类；文献资料共计1项，仅有《刘氏族谱》1份（表2-2-1、图2-2-2）。

济北街道遗产要素汇总表　　　　表2-2-1

序号	类型	数量	备注
1	传统建筑①	17	传统民居15处、宫庙2处
2	历史环境要素	10	古树名木2棵、壕沟围墙1处、井泉沟渠5处、塔桥亭阁2处
3	非物质文化遗产	7	游艺与杂技2项、传统戏剧2项、传统技艺1项，其他非物质文化遗产2项
4	文献资料	1	族谱1本

①传统建筑以院落、建筑群为数量单位。

第三节　回河：名人辈出、交通便捷

一、基本情况概述

回河街道位于济阳西南部，版图呈"L"形将地区从西面向南面包围，东临济北街道，西接太平街道和孙耿街道，南邻崔寨街道，区域总面积88.64平方公里（图2-3-1）。下辖6个经济管理区、94个行政村，总人口4.6万。回河街道历史悠久，明清时期济阳共设13镇，回河街道便是其中之一，是济阳历史上的集贸重镇。据史料记载，早在宋代回河就曾设置为镇，古称"镇州城"；相传后因济水河决堤流到镇州城，又从镇州城回流到济水河中，故改名为"回河"。在划归济南新旧功能转换先行区代管后，回河街道依托区位交通优势，大力发展民营经济和特色农业，形成以西红柿暖棚种植和奶牛、肉鸡养殖为支柱的优势产业，被认定为国家

图2-2-2　济北街道遗产要素分布图

图2-3-1　回河街道镇域示意图

级蔬菜标准园区和"山东省特色产业镇"。

二、遗产要素特征

（一）名人辈出底蕴深厚的传统文化名镇

回河街道文化底蕴深厚，文化古迹众多，历史名人辈出。坐落于店子村南的大汶口文化遗址玉皇冢，为省级重点文物保护单位，对于研究黄淮流域及山东、江浙沿海地区原始文化有重要意义。明清著名经学家张尔岐的传说是回河乃至济阳最重要的非物质文化遗产之一，他精研"三礼"，其创新的思想体系——重申儒家传统的道德精神与修养，代表了当时盛行的学术方向。著名学者顾炎武曾说："独精'三礼'，卓然经师，吾不如张稷若。"官至浙江督军兼淞沪护军使的北洋军阀卢永祥，其在卢家村的故居为济阳目前为数不多的保存较好的古院落，被列为历史人文资料重点发掘对象。

（二）民营企业与特色农业共同发展的经济模式

回河街道的民营经济起步较早，宏达公司、南陈劳保用品、沟杨浮桥公司、财源宝酒业、卢何农机厂、盛元榨油厂及少数民族村屠宰业、运输业等企业均发展态势良好；大棚蔬菜和林下食用菌种植以及奶牛、肉牛养殖等畜牧业被作为回河街道农业和畜牧业发展的重点。回河街道先后被市委、市政府授予"山东省文明镇""山东省特色产业镇""山东省乡村振兴示范镇""山东省绿色生态示范城镇"等荣誉称号。

（三）富有民族传统风情的回族特色村落

回河街道具有汉、回聚居的多民族文化背景，拥有小营、小安、申庄等回民村，保存下来多处风貌各异、历史悠久的清真寺。其中，马营申庄清真寺建成至今已有600余年，经历三次维修后至今规模保存完好。这些极具民族风情的清真寺是回河街道最具特征的传统建筑遗存，其丰富多变的整体格局、建筑构造和细部结构等，体现了不同民族的习俗与文化传统，对我国传统清真寺的研究具有重要意义，是保护回河街道多民族聚居文化环境的基础依托。

三、遗产分类统计

传统建筑共计9处，包括传统民居、祠堂、宫庙三类；历史环境要素共计13处，包括古树名木、碑幢刻石及其他（遗址）三类；非物质文化遗产共计8项，包括传统音乐、传统戏剧、游艺与杂技及其他非物质文化遗产四类；文献资料共计11项，包括志书、碑刻、匾联及其他文献资料四类（表2-3-1、图2-3-2～图2-3-4）。

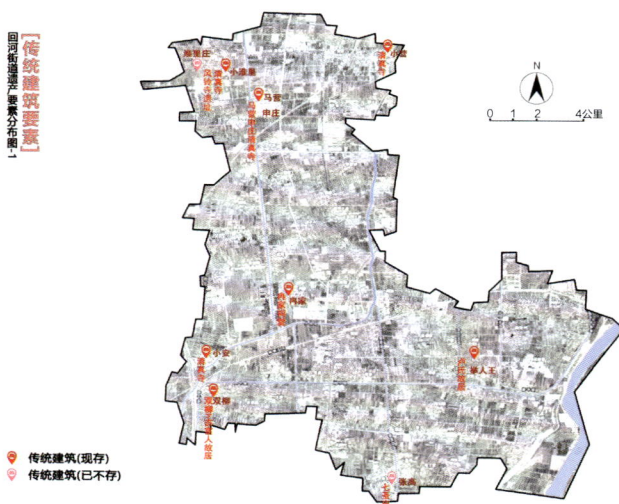

图2-3-2 回河街道传统建筑要素分布图

图2-3-3 回河街道历史环境要素分布图

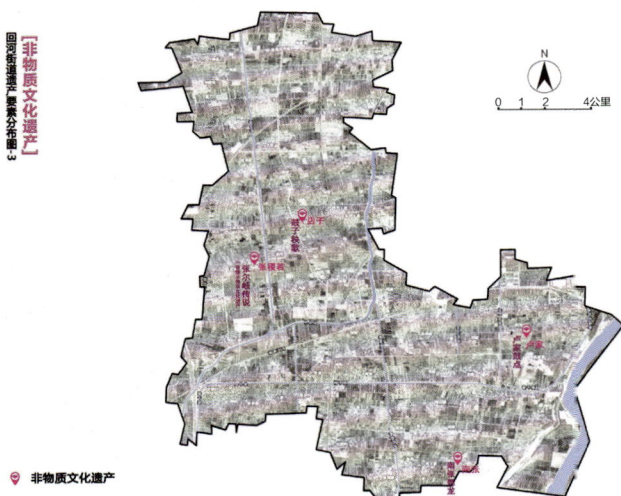

图2-3-4　回河街道非物质文化遗产分布图

图2-4-1　垛石街道镇域示意图

回河街道遗产要素汇总表　　　表 2-3-1

序号	类型	数量	备注
1	传统建筑[①]	9	传统民居 2 处、祠堂 1 处、宫庙 6 处
2	历史环境要素	13	古树名木 2 棵、碑幢刻石 2 块、井泉沟渠 5 处、其他（遗址）4 处
3	非物质文化遗产	8	传统音乐 1 项、传统戏剧 1 项、游艺与杂技 1 项、其他非物质文化遗产 5 项
4	文献资料	11	志书 6 本、碑刻 3 份、匾联 1 份、其他文献资料 1 份

①传统建筑以院落、建筑群为数量单位。

第四节　垛石：生土营造、宏制人文

一、基本情况概述

垛石街道位于济阳西北部，距城区 14 公里，东邻曲堤街道，西与新市镇、太平街道接壤，南临回河街道，北接商河县，区域总面积 182 平方公里，耕地面积 15.6 万亩，是济阳第一大镇（图2-4-1）。下辖 6 个经济管理区、130 个行政村，总人口 7.7 万人。垛石街道地处鲁北平原南端，地势平坦、土地肥沃、资源丰富；境内有徒骇河、土马河、大寺河等主要河流；省道 248 及 249 线贯穿全镇，三级公路通车里程 180 公里，交通条件便利。垛石街道资源充足、物产丰富，"垛石"牌番茄、"平安""振兴"驴肉、蓬生海

鲜菇等远近闻名，其中"垛石"牌商标被认定为山东省著名商标、国家工商总局"地理标志"认证、国家"有机食品"认证，形成了以"大棚种植、休闲旅游"为特色的都市现代农业。

二、遗产要素特征

（一）墙柱分离的生土建筑营造技艺

民居建筑作为乡村建筑的主要组成部分，是古代劳动人民聚居的空间，是特定时期经济社会发展的缩影。虽然其建筑形制规模相对简陋，但形成的空间格局记载了古代工匠的建造能力和劳动人民应对洪涝灾害的生态营造智慧。从罗家码头、靳家道口村的传统民居遗存来看，建筑多以圈梁和四角支撑的石柱为基本结构，用黄泥填充土坯墙，洪水来时推倒土坯墙部分，得以最大限度地保护民居建筑主体，形成了适应洪水来势的特殊构造。

（二）规模宏制建造精美的庄园建筑

周氏庄园建于明末清初，坐落在垛石街道后楼村中心偏南位置，是济阳现存较为完整的官式古建筑群，其建筑规模形制、建造技法体现了济阳乃至整个黄河下游地区官式建筑的建造水平，对于后楼村村民，特别是周氏后人有着难以割舍的情感记忆。如今，周氏庄园被专家称为济南市黄河以北

地区优秀古建筑的孤品，在山东古建筑史上占有重要地位，同时还是垛石街道历史发展的见证和文化载体。

（三）民族融洽人文和谐的文化体现

　　垛石街道具有汉族、回族聚居的民族背景，所以保存下来多处风貌各异、历史悠久的清真寺建筑群，虽然大部已进行翻修，但整体格局基本沿用至今。刘营村清真寺自明代建成距今历史最为久远，中西合璧的建筑风貌是垛石最具特征的传统建筑遗存。丰富多变的整体格局、建筑构造、细部结构等对我国传统清真寺研究具有重要意义，也以此为依托形成了不同回民村之间既相通也各有特色的习俗和传统。对回族村落的整体研究具有极高的研究价值，是丰富垛石街道历史文化背景研究的主要依据。

三、遗产分类统计

　　传统建筑共计42处，包括传统民居、祠堂、宫庙及其他传统建筑四类；历史环境要素共计53处，包括古树名木、碑幢刻石、遗址及其他历史环境要素四类；非物质文化遗产共计19项，包括游艺与杂技、传统技艺、传统戏剧、传统舞蹈、传统风俗及其他非物质文化遗产六类；文献资料共计13项，包括族谱、志书、匾联、地契、碑刻题记拓片、手稿六类（表2-4-1、图2-4-2～图2-4-4）。

垛石街道遗产要素汇总表　　表2-4-1

序号	类型	数量	备注
1	传统建筑①	42	传统民居22处、祠堂1处、宫庙8处、其他传统建筑11处
2	历史环境要素	53	古树名木33棵、碑幢刻石5块、遗址11处、其他历史环境要素4处
3	非物质文化遗产	19	游艺与杂技5项、传统技艺9项、传统戏剧2项、传统舞蹈1项、传统风俗1项、其他非物质文化遗产1项
4	文献资料	13	族谱3本、志书2本、匾联4块、地契2份、碑刻题记拓片1份、手稿1份

①传统建筑以院落、建筑群为数量单位。

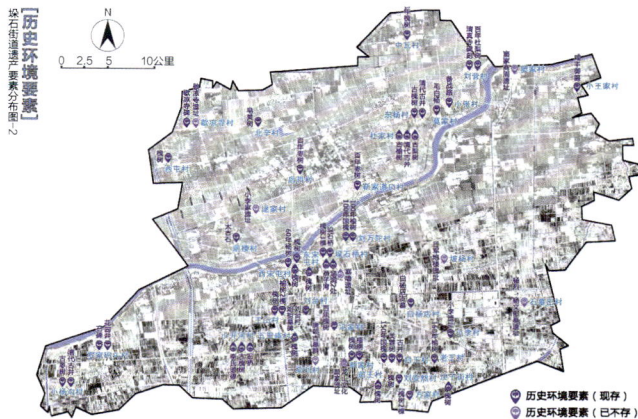

图2-4-3　垛石街道历史环境要素分布图

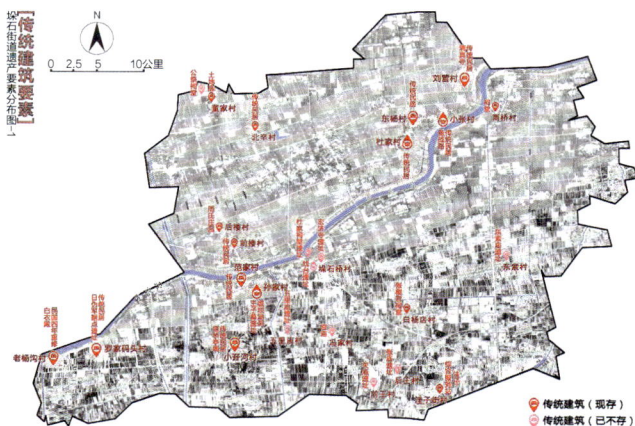

图2-4-2　垛石街道传统建筑要素分布图

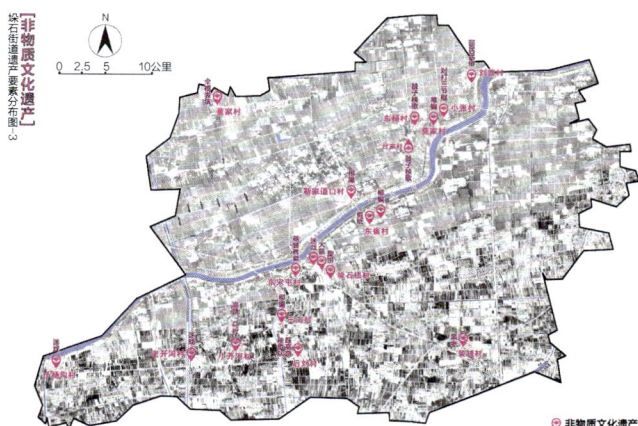

图2-4-4　垛石街道非物质文化遗产分布图

第五节　曲堤：儒风文化、四街八隅

一、基本情况概述

　　曲堤街道位于济阳东北15公里处，东与仁风镇接壤，南与济阳街道相连，西与垛石街道相接，北与商河县交界，区域总面积153.14平方公里，是济阳北部重镇、历史文化名镇、省级中心镇（图2-5-1）。下辖6个经济管理区，128个行政村，总人口7.8万，济南一东营高速公路、国道220线横穿全境，有十分便利的交通条件和优越的区位优势。曲堤街道春秋时期隶属齐国地，筑有纪念孔子在此闻听"韶乐"的"闻韶台"，为济阳历史人文景观之首。汉代，该区域曾叫"阳丘朔镇"，后因漯水（黄河下游一支流）绕此而过，挡水之堤弯曲而更名"曲堤"。曲堤街道在农业产业结构调整过程中，注重打造产品品牌，发展了"曲堤牌"黄瓜、"曲堤牌"大蒜、黄河大米、冬枣等特色产业，在省内外享有广泛声誉。

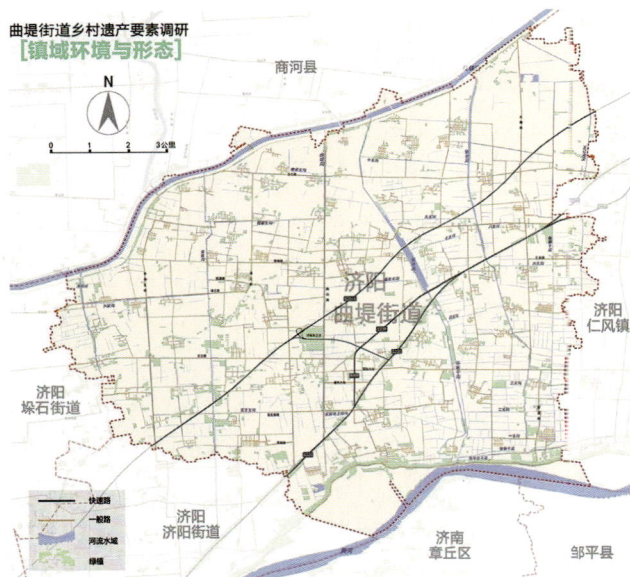

曲堤街道乡村遗产要素调研
[镇域环境与形态]

图2-5-1　曲堤街道镇域图

二、遗产要素特征

（一）"先圣过化"儒风深厚的"闻韶古镇"

　　曲堤街道历史悠久、文化积淀深厚，发展历程深受儒家传统文化的影响。相传两千余年前，孔丘周游列国于此地赏习颂周之音，有"子在齐闻韶乐，三月不知肉味"的典故，曲堤因此也有"闻韶古镇"的美称。自此之后，曲堤街道曾建有闻韶台、闻韶书院、仲夫子庙[1]、子路庙[2]等纪念孔子及其弟子的建筑物，并设有达圣门、大成殿等，此时"闻韶"已成为曲堤重要的文化名片。作为"先圣过化之地"，加之深厚文化底蕴塑造的浓郁曲堤学风，曲堤长久以来吸引了众多文人墨客寻访游历并留下多篇墨迹，如北宋曾巩的"人仁为本"、北宋黄庭坚的"千古一脉"等题词。明清之际，我国著名经学家张尔岐（字稷若）曾在闻韶书院教书达十年之久，其学生艾元徵曾官至刑部尚书。除了在建筑、文人题词方面，儒家文化也融入当地居民的日常生活中，成为曲堤街道住居文化的重要组成部分。许多村庄曾建有家庙祠堂、关帝庙、三义庙等祭祀场所，在婚丧嫁娶等活动中扮演了村中重要精神空间的角色，现存建筑中较为著名的有卜家祠堂、闻韶文化大院等。

（二）历史悠久昔日繁华的古著城遗址

　　据县志记载，曲堤建城史可追溯至夏商时期，秦时称著城，建制八百余年。古著城包括今东、南、西、北四街村，设城墙三重，外廓设四稍门，内城为八卦式格局，设有"四街八隅头"，即由中央十字街和方形环道组成的道路交通系统；外有坚固的城墙及护城河。城墙有东、南、西、北四方大门，东门曰雅周门，南门叫阳丘朔门，西门称达圣门，北门名济武中枢门，四门下均有砖桥跨过城壕；还有东南、西南、东北和西北四个偏门，共同形成八卦式格局。城内寺院、庙宇及各类寺庙建筑众多，东街有闻韶台、闻韶书院等；西街有禅塔、弥勒寺、月牙桥等；北街有黑风口、无梁大殿等。民

---

[1]　仲夫子庙位于原曲堤街道西三里的石门村。相传孔子的学生子路（仲由）来曲堤寻找其师，走到石门时天黑迷了路，宿在了石门洞下。《上论》有"子路宿于石门"之述，后人为纪念他在石门修筑"仲夫子庙"。仲夫子庙大门朝南，院内有三间大殿，殿内有仲夫子坐像，左右由书童相伴。院西是学校和区公所，庙后为一片松林。清末人士还在殿内撰写对联一副，言："庙内一贤人，石门雅士多。"1950年黄河防汛时，该建筑被拆掉，其砖石运往黄河大堤，筑了挡水坝头。（曲堤镇志编纂委员会．曲堤镇志［M］．德州：山东德州新华印务有限责任公司，2013：15．）

[2]　子路庙相传位于著城外西南面，为纪念"孔门十哲"之一的仲由所建。

国年间，古著城较为繁华，城内设有数十家钱庄、当铺、洋行、百货店等。今曲堤四街村尚保留了古著城的十字街格局，但地上历史建筑均已不存，仅余闻韶台遗址、禅塔基址、东街遗址、护城河、夯土城墙等数处历史环境遗迹。

（三）简洁朴素的乡镇风貌时代特色

曲堤街道内还分布着许多建于改革开放前后的乡镇公共建筑，类型主要为办公、教育和公共生活设施等，如钱家村姜集乡政府建筑群旧址、姜集乡潘家小学旧址、刘偕村小学旧址、东街村知青点旧址等。建筑主体多采用清水红砖，局部装饰水刷石、素混凝土等，建筑风格给人简洁朴素的时代印象。钱家村姜集乡政府旧址主要包括办公、食堂及家属院三个主要区域和商业街旧址，容纳了办公院落、粮所、食堂、配电所、百货店等诸多建筑类型。因时代变迁，部分建筑已废弃或改作他用。乡镇公共建筑是曲堤街道重要的物质文化遗存，是中华人民共和国成立之初曲堤社会经济发展的真实写照，也是研究地域特色传承发展的重要依据。

三、遗产分类统计

曲堤传统建筑共计45处，包括传统民居、祠堂、宫庙及其他传统建筑四类；历史环境要素共计36处，包括古树名木、碑幢刻石及其他（遗址）三类；非物质文化遗产共计4项，包括传统舞蹈、游艺与杂技、传统戏剧、传统技艺四类；文献资料共计73项，包括志书、族谱、地契、碑刻题记、匾联及其他文献资料六类（表2-5-1、图2-5-2～图2-5-4）。

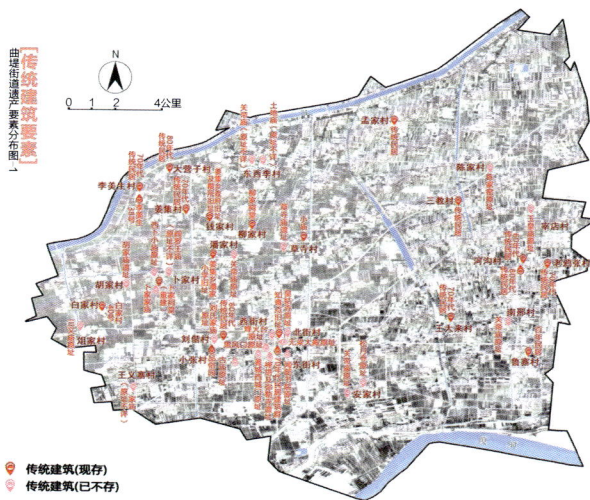

图2-5-2 曲堤街道传统建筑要素分布图

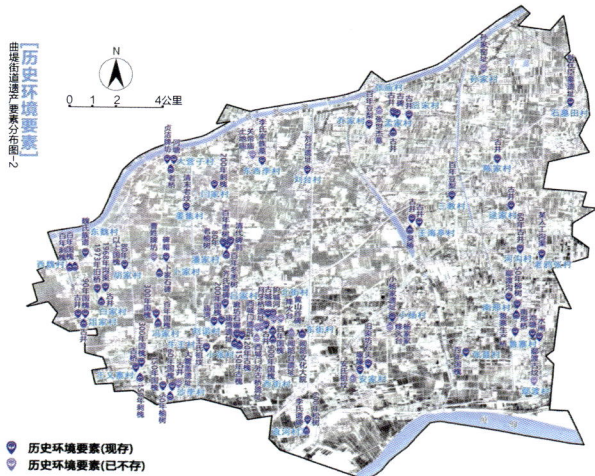

图2-5-3 曲堤街道历史环境要素分布图

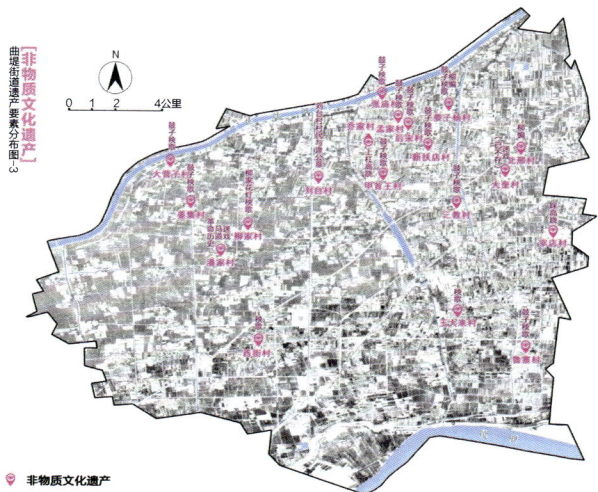

图2-5-4 曲堤街道非物质文化遗产分布图

曲堤街道遗产要素汇总表 　　表 2-5-1

序号	类型	数量	备注
1	传统建筑①	45	传统民居14处、祠堂5处、宫庙17处、其他传统建筑9处
2	历史环境要素	36	古树名木26棵、碑幢刻石8块、其他(遗址)2处
3	非物质文化遗产	4	传统舞蹈1项、游艺与杂技1项、传统戏剧1项、传统技艺1项
4	文献资料	73	志书4本、族谱25本、地契39份、碑刻题记1份、匾联1份、其他文献资料3份

①传统建筑以院落、建筑群为数量单位。

第六节   孙耿：尚书故里、职能老镇

一、基本情况概述

孙耿街道位于济南北部、济阳西南端，宋初一度曾为临邑县城，后置为镇，历史上即为济阳重镇。东与回河街道相邻，西与齐河县的表白寺镇、临邑县的临南镇接壤，南与天桥区的靳家村交界，北与太平街道相连，区域总面积103平方公里（图2-6-1）。国道104线从街道中心纵穿而过，南连山东省交通枢纽——京福高速公路、济青高速公路、青银高速公路、京沪铁路及济南三环高速公路，东达济南国际机场，交通十分便利。下辖71个行政村，总人口5.4万人，农作物播种面积2.1万亩，粮食作物播种面积1.6万亩。在2018年划入济南新旧动能转化先行区代管后主动承接北部新城发展，促进了孙耿的城市建设和工商业活力。

二、遗产要素特征

（一）职能丰富的老镇中心风貌区

孙耿街道老镇中心风貌区以义和村为核心，与原孙耿街道的西街、南街、北街一起构成。作为中华人民共和国成立后曾经的镇驻地，区域内留存有职能丰富的传统公共建筑，包括老政府大院、卫生院、农具厂、土产门市部、供销社、百货门市、粮所等，较为完整地保留了孙耿街道老镇中心的整体格局，是研究我国传统城镇格局特征的典型样例。老镇中心风貌区是孙耿街道最重要的历史遗存，是最具特色的文化名片，是进一步需要着力保护与发展的核心区域。

（二）底蕴深厚的著名尚书故里

孙耿历史悠久，素有"尚书之乡"的美誉。"尚书"指艾家第十代后人艾元徵，进士出身为官累至清刑部尚书，殁后康熙封赠其为光禄大夫，获"鞠躬尽瘁"的高度赞誉，是济阳最著名的历史人物。现西艾屯村和艾老村是孙耿街道艾家后世的主要分布区，艾家祖先祠堂、艾尚书墓是艾氏后人祭祀先祖的圣地，艾氏后裔为表示对先贤崇敬之意，2016年在孙耿艾老村修建艾尚书陵园。如今艾尚书墓现存的石碑、石羊等文物与围绕艾尚书的历史传说一起成为尚书故里的文化承载。

（三）因水而生的黄泛区居住模式

为应对黄河泛滥带来的灾害，当地村民创造出独具智慧的建筑结构和应对方式，即洪水来袭时迁居，洪水退去后归来，形成了历史上特殊的"迁徙"现象。从孙耿街道高槐村、张沟村、堤口村等诸多村落的传统民居遗存来看，建筑多以圈梁和四角支撑的石柱为基本结构，四周填充土坯墙，洪水来时会推倒部分土坯墙，可以最大限度地保护民居主体，形成了适应洪水的特殊构造。这种最为传统朴素的生态营建智慧，是研究黄河下游地域聚落景观的重要样本。

（四）回汉聚居的传统文化特征

孙耿街道具有汉、回聚居的多民族文化背景，拥有堤口村、魏家村、大路村、孙家村、丁家村、杨家村6个回民村，辛集村、逯家村、孙虎村3个回汉共居村。这些村落保存有多处历史悠久、风貌各异的清真寺建筑群，每个村各具民族风情的清真寺是孙耿街道最具特色的传统建筑遗存，其丰富多变的细部结构和整体格局对我国传统清真寺研究具有重要意义。这些回民村在发展过程中形成的既保留习俗又文化融合的特点，成为孙耿街道回族、汉族等多民族聚居、文化交融的独特代表。

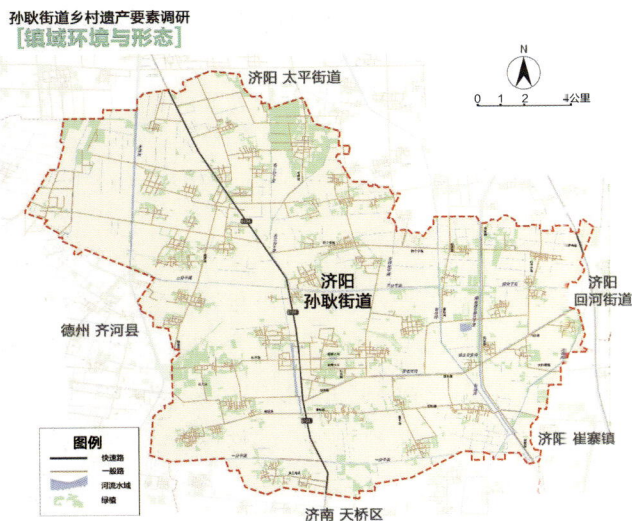

图2-6-1   孙耿街道镇域图

三、遗产分类统计

传统街区共计1处；传统建筑共计60处，包括传统民居、祠堂、宫庙及其他传统建筑四类；历史环境要素共计64处，包括古树名木、碑幢刻石及其他（遗址）三类；非物质文化遗产共计4项，包括游艺与杂技、传统戏剧、传统技艺三类；文献资料共计156项，包括族谱、地契及其他文献资料三类（表2-6-1、图2-6-2~图2-6-4）。

孙耿街道遗产要素汇总表　　表2-6-1

序号	类型	数量	备注
1	传统街区	1	义和村老镇中心大街
2	传统建筑①	60	传统民居40处、祠堂1处、宫庙8处、其他传统建筑11处
3	历史环境要素	64	古树名木46棵、碑幢刻石17块、其他（遗址）1处
4	非物质文化遗产	4	游艺与杂技2项、传统戏剧1项、传统技艺1项
5	文献资料	156	族谱19本、地契129份、其他文献资料8份

①传统建筑以院落、建筑群为数量单位。

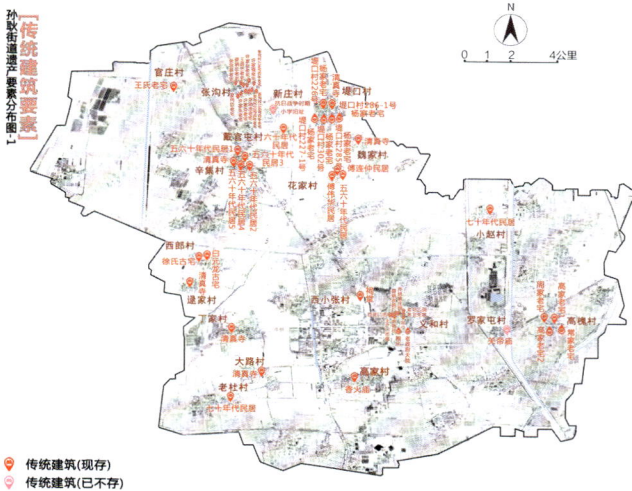

图2-6-2　孙耿街道传统建筑要素分布图

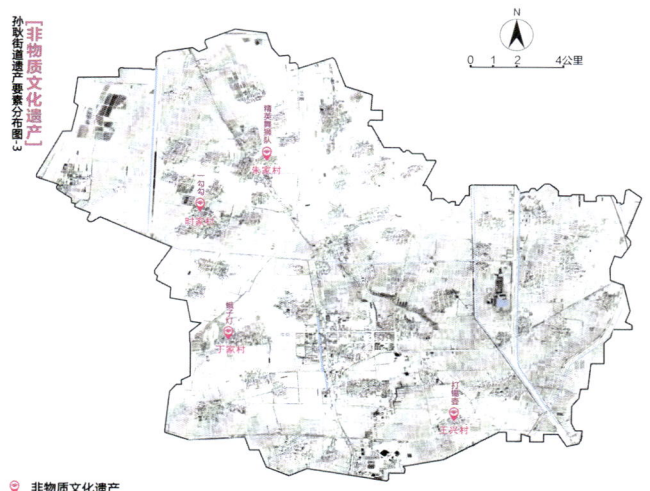

图2-6-4　孙耿街道非物质文化遗产分布图

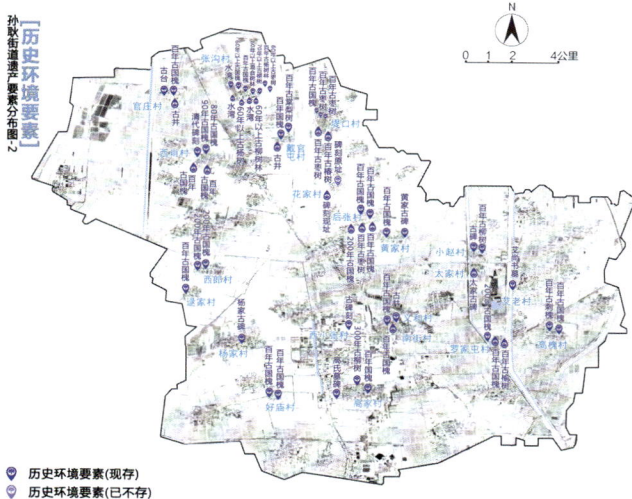

图2-6-3　孙耿街道历史环境要素分布图

第七节　崔寨：水村相依、生态御黄

一、基本情况概述

崔寨街道位于济阳南部，被称为南大门，距济南黄河大桥仅有3公里，南与天桥区交界，北与回河街道、孙耿街道接壤（图2-7-1）。南北长12公里，东西宽8公里，区域面积87平方公里，耕地面积6万亩。220线纵贯南北，济南绕城高速公路北段横穿东西，有东郊、东城两座浮桥和黄河大桥，三桥两座公路大桥与市区相连。下辖6个经济管理区，69个行政村，92个自然村，总人口6万，耕地面积6万亩。

崔寨街道乡村遗产要素调研
[镇域环境与形态]

图2-7-1　崔寨街道镇域图

作为承接济南北跨黄河的"桥头堡"和对接融合的"启动点"，崔寨抓住机遇步入快速发展阶段：境内已汇集诸多国内外著名物流支柱产业，幕墙玻璃等建筑现代化产业已初具规模，以"阳光大姐"全国家政标准化实训基地为依托的全国家政服务之都初见成效；崔寨"绿阳"西红柿、芹菜获农业部无公害认证，"绿阳"香瓜获国家地理标志证明商标。崔寨街道曾荣获"山东省文明镇""山东省小城镇建设示范镇"等荣誉称号。

二、遗产要素特征

（一）水村相依的老镇中心风貌

目前以清宁村为核心，辛街、谷庙、杨家村一起构成的崔寨街道中心区，历史上池沼密布，水网湿地作为串联村落的重要公共空间及重要建筑的脉络形成有机共生的村落格局，很好地保留了传统自然村落肌理，是黄河流域水村相依村落格局的优秀案例。崔寨街道内部留存有职能丰富的传统公共建筑，如清宁书院、古官渡等，较为完整地保留了老崔寨街道中心的整体格局，是研究北方传统村落格局特征的典型样本。

（二）异彩纷呈活态发展的民间非遗

崔寨街道民间非物质文化遗产类型多元且历史悠久，

得到了较好的传承与创新，其中路寨东路梆子、大冯村高跷龙灯、前街村舞龙的民间演艺较有代表性。这些非物质文化遗产经历了几代民间艺人的锤炼和传承，形成鲜明的剧种特色和代表性舞蹈动作。以东路梆子为例，其作为多村落村民共同的文化爱好而具有广泛的群众基础，在地方政府的推动下，经常进行有组织地传承沿袭和展示演出，并进行了完整的影像记录。另外以柳编和切糕制作作为代表的传统手工业紧密跟随市场经济发展动向，力求更好地创新与传承。

（三）智慧生态的黄泛区适应性营建

崔寨街道长期形成了黄泛区平原"因势利导疏浚水路"和"筑堤建台抵御水患"两种生态营建模式。以清宁村、史坞村为导疏模式代表，村落内河道坑塘形成蓄水排涝的体系，有效地加强了村庄抵御雨洪灾害的能力；以范铺村为抵御模式代表，村民多在黄河泛滥时迁居，洪水退去后归来，有效地避免了黄河泛滥时造成的自然灾害。在范铺村、史坞村、大刘村、小刘村等诸多临近黄河的村落，村民房屋坐落于高度从40厘米到50厘米不等的土坯村台之上，考究的村台用砖包覆，从而形成御洪一级保护防线；以圈梁和四角支撑的石柱为基本结构的"高台房"，基座为石砌或砖砌，中段填充土坯墙，洪水来时墙基保护房屋主体，防止土坯砖墙垮塌，从而形成二级保护防线。这种最为传统朴素的生态智慧，巧妙地利用了黄土的性能，既方便灾后重建，又避免了生态破坏，形成了黄河沿岸的适应性生存方式。

三、遗产分类统计

崔寨街道传统建筑共计17处，包括传统民居、宫庙两类；历史环境要素共计34处，包括古树名木、碑幢刻石、井泉沟渠及其他（遗址）四类；非物质文化遗产共计8项，包括游艺与杂技、传统技艺及其他非物质文化遗产三类；文献资料共计9项，包括地契、志书及其他文献资料三类（表2-7-1、图2-7-2～图2-7-4）。

崔寨街道遗产要素汇总表　　表2-7-1

序号	类型	数量	备注
1	传统建筑①	17	传统民居9处、宫庙6处
2	历史环境要素	34	古树名木8棵、碑幢刻石6块、井泉沟渠14处、其他（遗址）6处
3	非物质文化遗产	8	游艺与杂技4项、传统技艺3项、其他非物质文化遗产1项
4	文献资料	9	地契4份、志书3本、其他文献资料2份

①传统建筑以院落、建筑群为数量单位。

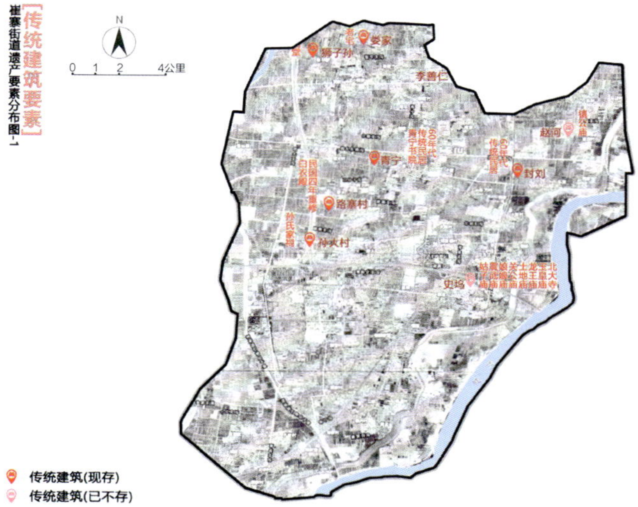

图2-7-2　崔寨街道传统建筑要素分布图

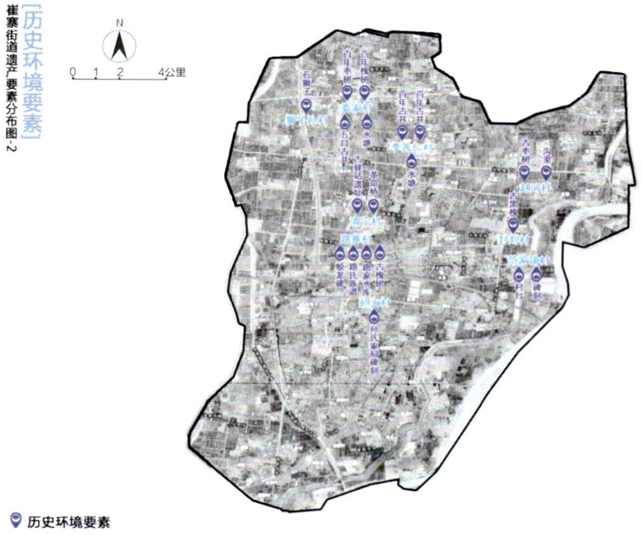

图2-7-3　崔寨街道历史环境要素分布图

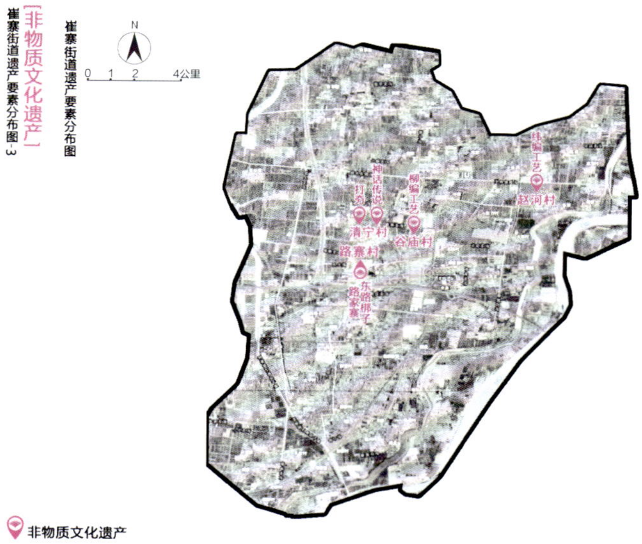

图2-7-4　崔寨街道非物质文化遗产分布图

第八节　太平：古韵遗存、多彩非遗

一、基本情况概述

太平街道位于济阳区西部，历史悠久，金太宗天会七年，1129年，济阳置县时，这里就已有乡级建制。南临孙耿街道，东接回河街道，北连新市镇，东北与垛石街道接壤，西与齐河县宣章屯街道为临，西北与临邑临南街道毗连，区域总面积126平方公里（图2-8-1）。徒骇河沿太平街道北界东流而下；国道104线纵穿南北，济太路横跨东西，济乐高速从太平街道中心通过。下辖6个经济管理区，91个行政村，83个自然村，总人口6.3万，耕地面积12.7万亩。地处黄河冲积平原，地势平坦，境内主要河流有徒骇河、牧马河、齐济河、六六河，水利资源丰富。地下水资源充沛，是全区重要的饮用水水源地。土壤以红壤土为主，深厚肥沃，是黄河以北最大的"拱棚"西瓜生产基地，有"中国优质西瓜第一镇"之称。"太平宝"牌西瓜及菜椒、茄子、西红柿、豆角、黄瓜等五种蔬菜通过国家绿色食品认证；获得了山东省"文明乡镇"、全国"科普惠农先进集体"、济南市现代农业示范乡镇等多项荣誉称号。

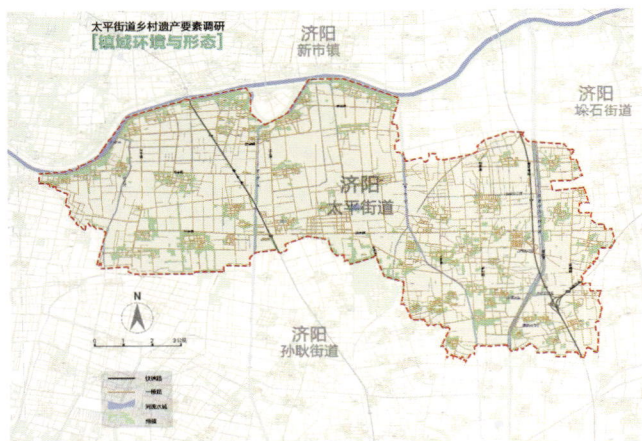

图2-8-1　太平街道镇域图

二、遗产要素特征

（一）古韵浓厚的历史环境要素

　　太平街道分布了众多的古树木，形成了浓郁的历史环境氛围，具有积极的生态保护和观赏教育价值。太平街道内绿树成荫，年逾百岁的古木多达16株，这些古树代表的不仅是人与自然和谐相处的现象，更是当地居民对生活的留恋与纪念。除大量古树名木外，太平街道还留有较多年代久远的碑幢石刻和已发现的古墓遗址，最早的冢子可追溯至春秋战国时期，这些文化古迹对考古学和历史学的研究具有重大意义。

（二）智慧建造的黄泛区居住模式

　　应对历史上黄河决口泛滥，古代先民创造出独具地域特征的民居建造方式。通过对鲁家村、张刘村、寺西张村、邝家村等诸多村落传统民居遗存的调研，可见建筑基本结构大多为圈梁和砖石柱，用黄泥制作土坯填充墙体，即民间所称"四梁八柱昝晃木"的传统做法。洪水来时主动推倒土坯墙部分，最大限度地保护民居主体不受到冲击，形成了适应洪水的特殊构造。这一蕴含传统生态智慧的典型营建方式，是研究黄泛区传统民居建造技艺的重要样本。

（三）丰富多彩的非物质文化遗产

　　黄河泛滥为下游带来肥沃的土地和茂盛的水草，长久以来形成的农耕文明，催生了多姿多彩的民间艺术和娱乐活动。通过对路家桥村、耀德庄村、李坊村走访，发现当地民间艺术种类非常丰富，即便是距离很近的三座村子都拥有自己独特的非物质文化遗产，即山东大鼓、小迷戏和马家庙庙会，这对研究鲁北地区民风民俗具有重要价值。除上述三种非物质文化遗产外，太平街道还有秧歌腔、老迷戏、踩寸子、马钗术等民间艺术，以及剪纸、簸箕、太平宝西瓜等极具地方特色的生活生产技艺。

三、遗产分类统计

　　太平街道传统建筑共计22处，包括传统民居、宫庙及其他传统建筑三类；历史环境要素共计33处，包括古树名木、碑幢刻石、井泉沟渠及其他（遗址）四类；非物质文化遗产共计11项，包括游艺与杂技、传统戏剧、传统技艺及其他非物质文化遗产四类；文献资料共计41项，包括志书、族谱、地契和其他文献资料四类（表2-8-1、图2-8-2~图2-8-4）。

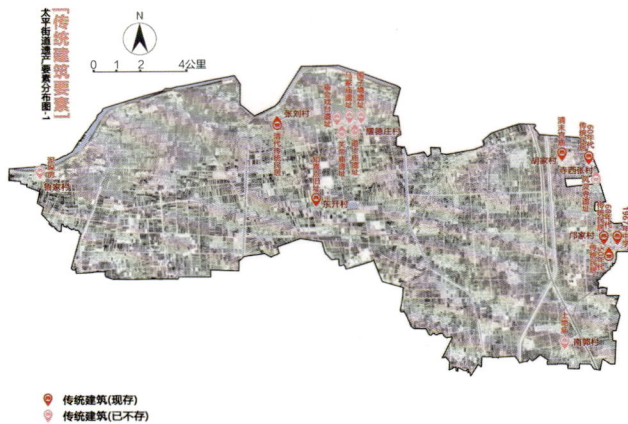

图2-8-2　太平街道传统建筑要素分布图

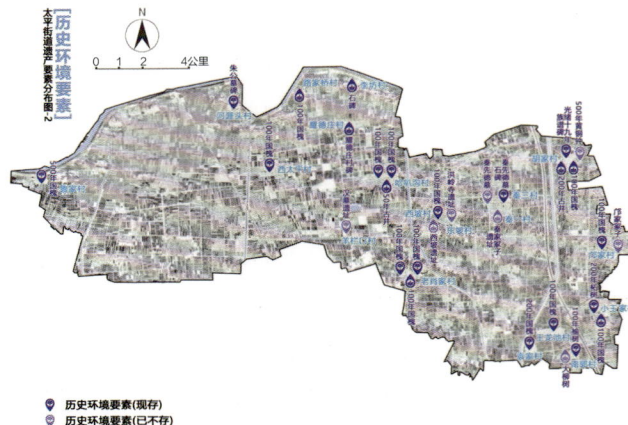

图2-8-3　太平街道历史环境要素分布图

太平街道遗产要素汇总表   表 2-8-1

序号	类型	数量	备注
1	传统建筑①	22	传统民居 8 处、宫庙 8 处、其他传统建筑 6 处
2	历史环境要素	33	古树名木 16 棵、碑幢刻石 5 块、井泉沟渠 4 处、其他（遗址）8 处
3	非物质文化遗产	11	游艺与杂技 1 项、传统戏剧 4 项、传统技艺 2 项、其他非物质文化遗产 4 项
4	文献资料	41	志书 1 本、族谱 8 本、地契 27 份、其他文献资料 5 份

①传统建筑以院落、建筑群为数量单位。

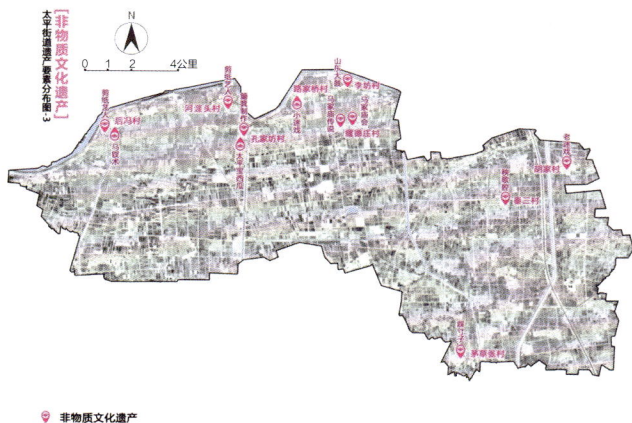

图2-8-4 太平街道非物质文化遗产分布图

第九节　仁风：仁风古镇、台居瓜肥

一、基本情况概述

仁风镇位于济阳东北部，东隔黄河与惠民县相望，南隔黄河与邹平县相望，西与曲堤街道相连，北与商河县毗邻，区域总面积124平方公里（图2-9-1）。镇政府驻地西街村距济阳城区所在地约30公里，下辖82个行政村，总人口6.3万人，耕地面积12万亩。黄河自仁风镇韩纸村南入境，由西南向东北，在四合村出境，境内河道长13.25公里；徒骇河位于仁风镇北部自新路家村西北角入境，由西向东，在兰家村东北处1500米处出境，全长9.58公里。仁风镇历史文化悠久，自古多次立县，古称有"马防城""太平镇""迎风镇"等；民风淳朴，造就了一代代文人名仕、英才贤达，素

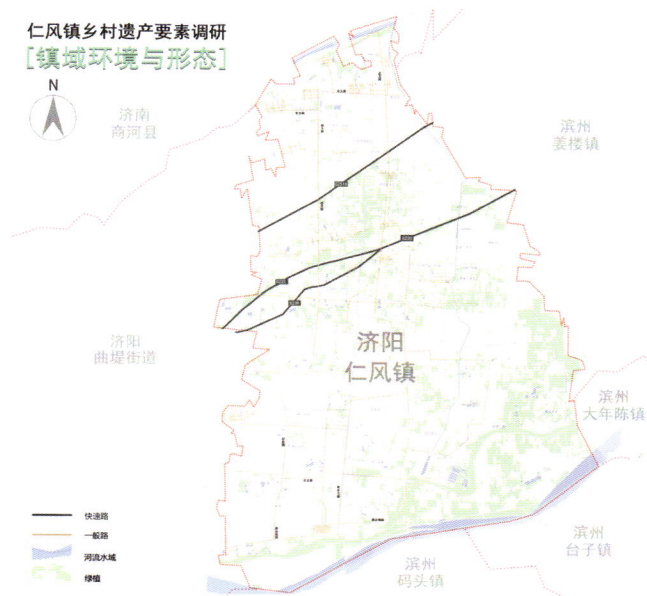

图2-9-1 仁风镇镇域示意图

有"仁义之风"的美誉。仁风的鼓子秧歌是山东三大秧歌之一，声震全国，享誉海外，被誉为"中国鼓子秧歌之乡"。仁风镇地处黄河冲积平原，地势平坦，四季分明，自20世纪90年代就已逐步形成"南稻北菜中瓜果"的农业生产格局。大力发展以"冬暖式"塑料大棚为重点的西瓜产业，如今"仁风"牌富硒西瓜已闻名全国，被农业部认定为全国"地理标志农产品"，是"中国西瓜之乡"；充分发挥棉花加工和木材加工产业优势，大力发展民营经济，基本形成了一条集速生丰产林、面皮加工、板材加工为一体的木材产业链。被评为"省级文明镇""省级绿化示范镇""省级绿化模范镇"等荣誉称号。

二、遗产要素特征

（一）以仁风古镇为核心的历史风貌区

仁风古镇历史悠久，东汉时作为军事养马重地被封为"马防"。民间广为流传着唐代薛仁贵大将军东征路过"迎风"镇，有感于当地百姓仁义厚道，赞其曰"此乃仁义之风也"，遂"迎风"改为"仁风"，后取名"仁风镇"。目前，仁风古镇中心区由北街村、西街村、南街村、东街村共同构成，其布局近乎方形，四周环以护城河，历史结构清晰可见。古镇曾存有多处名胜古迹，如古城墙、城隍庙、黑风

口、圣人庙、镇武庙、无梁大殿、望天犼、东大寺、岳阳桥、潘家楼等；由于遭到各种历史性破坏，地上建筑现今已无存；除名胜古迹外，镇内还保存着具有20世纪60年代苏式典型建筑风格的仁风公社粮仓，以及历经沧桑变迁保存下来的民国时期民居。这些历史遗存加之护城河的环绕，展现了古镇原有的历史街道格局。其中，现存古镇护城河遗迹是济阳唯一一处保存较为完整的护城河遗址，是我国北方地区现存古镇中较为稀有的护城河遗址，对我国古镇探索具有重要的研究价值，对当下仁风镇的发展建设具有重要的文化和社会价值，同时也是仁风古镇历史的重要见证。

仁风古镇历史风貌区既是研究我国传统村落格局特征的典型样本，还是仁风镇最重要的历史遗存及最具特色的文化名片，是仁风镇需要着力保护与发展的核心区域，对研究我国古镇历史演变与发展具有代表性的借鉴意义。

（二）国优品牌"仁风"西瓜产业区

仁风镇西瓜种植历史悠久，相传唐代薛仁贵大将军驻兵"迎风城"（今仁风街）时，曾吃到当地出产的西瓜，将军叹为观止，称"此真天上味也"，这一传说成为仁风西瓜种植历史和品质的最好佐证。据《济阳县志》记载，明万历年间仁风镇西瓜种植已相当普遍，主要种植区是以仁风街为代表的几十个村庄。20世纪90年代后，仁风镇把西瓜生产作为主导产业进行重点发展，1997年仁风镇被农业部命名为"中国西瓜之乡"后，开始推广"富硒西瓜"种植，以其特有的品质、独特的口味、丰富的营养远销国内外。仁风以"瓜"为媒，在济南市泉城广场举办"仁风西瓜节"，知名度和美誉度不断提升，已经成为仁风镇的"金字招牌"，并以此发挥核心引领作用，形成特色鲜明的富硒都市农业品牌。

（三）特色农业水利文化景观风貌区

仁风镇位于徒骇河、黄河两条主要河道的中间区域，也因此形成了具有当地特色的农业水利文化景观风貌区。该风貌区主要有两大片区：第一片区位于仁风镇北部徒骇河附近区域，以兰家村、北陈村、肖家村、桥南王村、司坊村、流河村为主；第二片区位于该镇东部卢兰河沿岸区域，以王家村、高家村、许家村、平家村、宋家村、新桑渡村、霍侯魏村为主。这两大区域保存了历史上遗留下来的若干农业水利设施，沟渠密布、桥梁纵横，体现出劳动人民适应自然、改造自然的生存智慧；加之粮食农作物以小麦、玉米、水稻为主，形成了徒骇河、黄河流域特有的农业水利文化景观风貌。

这两大风貌区是济阳乃至山东省域内具有代表性的农业水利文化景观区域，在建设美丽乡村的同时，应借助相应旅游开发产业，结合当前乡村振兴战略，将这两大风貌区发展为仁风镇生态旅游观光的特色名片，使得这种风貌区成为留住"乡愁"的重要见证。

（四）沿黄台居村庄自然文化景观带

仁风镇南临黄河沿岸，勤劳智慧的劳动人民为了发展农业生产，在长期与黄河泛滥的抗争中不断对沿岸区域进行改造利用，形成了特有的人工防洪景观，建设了与当地水文环境相适应的水利设施，例如堤坝、灌溉渠、桥梁等，并逐渐发展出具有当地特色的农业生产和居住形态。而黄河沿岸风光秀丽的自然魅力与应对洪涝灾害构筑于高台之上的传统村落，形成了具有特色的黄河沿岸自然与文化景观带。这一景观带沿河自西南向东主要包括高纸村、小街村、时家圈村、四合村、老桑渡村等，其中既有适应黄泛区的"高台房"居住形态，又有生动的历史革命遗迹。

三、遗产分类统计

传统建筑共计45处，包括传统民居、祠堂、宫庙、书院及其他传统建筑五类；历史环境要素共计69处，包括塔桥亭阁、井泉沟渠、堤坝涵洞、码头驳岸、古树名木、碑幢刻石及其他（遗址）七类；非物质文化遗产共计35项，包括传统音乐、传统舞蹈、传统戏剧、游艺与杂技、传统美术、传统技艺、传统医药及其他非物质文化遗产八类；文献资料共计36项，包括族谱、地契及其他文献资料三类（表2-9-1、图2-9-2～图2-9-4）。

仁风镇遗产要素汇总表　　表2-9-1

序号	类型	数量	备注
1	传统建筑[①]	45	传统民居26处、祠堂1处、宫庙11处、书院2处、其他传统建筑5处
2	历史环境要素	69	塔桥亭阁3处、井泉沟渠19处、堤坝涵洞4处、码头驳岸5处、古树名木12棵、碑幢刻石8块、其他（遗址）18处
3	非物质文化遗产	35	传统音乐1项、传统舞蹈3项、传统戏剧4项、游艺与杂技1项、传统美术1项、传统技艺6项、传统医药2项、其他非物质文化遗产17项
4	文献资料	36	族谱28本、地契1份、其他文献资料7份

①传统建筑以院落、建筑群为数量单位。

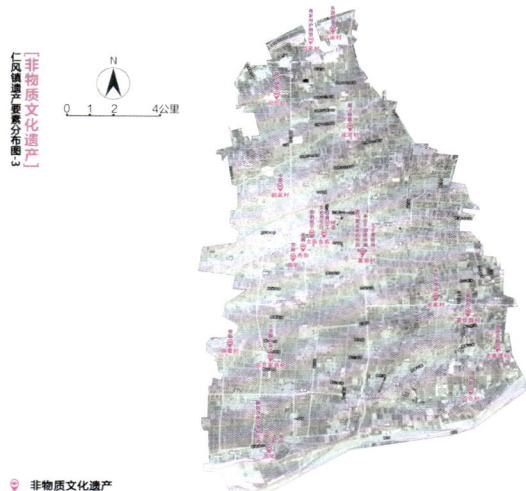

图2-9-4　仁风镇非物质文化遗产分布图

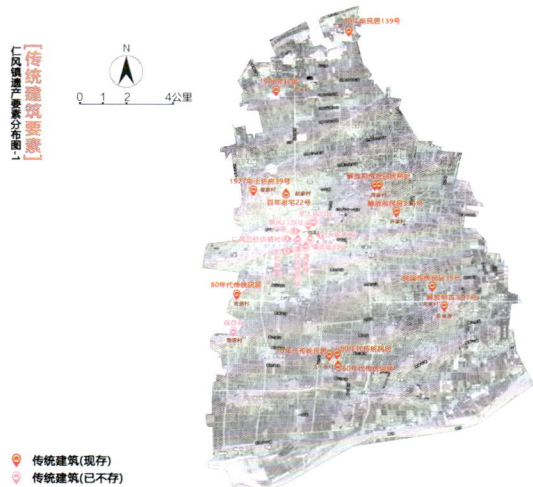

图2-9-2　仁风镇传统建筑要素分布图

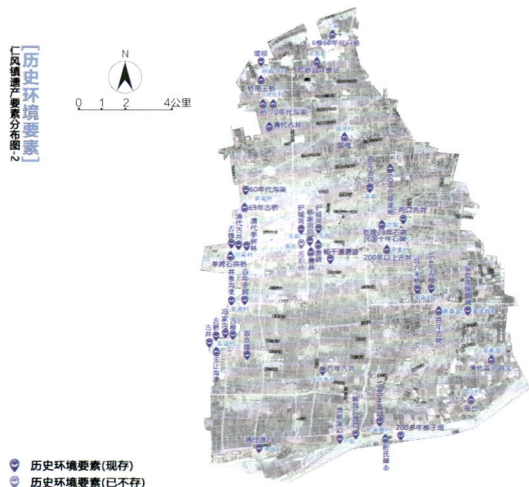

图2-9-3　仁风镇历史环境要素分布图

第十节　新市：革命向党、宗教汇融

一、基本情况概述

新市镇位于济阳西北部，东与垛石街道毗邻，西与临邑县搭界，南与太平街道接壤，北与商河县毗邻，区域总面积100平方公里，耕地10万亩（图2-10-1）。镇机关驻地距济阳区政府所在地24公里，下辖77个行政村，总人口4.05万人。新市镇地处黄河冲积平原，生态环境优良，徒骇河、土马河常年有水，适宜小麦、玉米、大豆、花生、牧草等多种农作物生长，秸秆饲草资源丰富，适宜发展畜牧、水产养

图2-10-1　新市镇镇域图

殖、饲料（草）加工等产业。生产的无公害大棚辣椒、豆腐皮等农副产品久负盛名，具有发展现代都市农业得天独厚的有利条件，休闲采摘旅游业和生态农业发展潜力巨大。新市镇历史悠久，存有多处历史文化遗迹，历史上原济阳"八大景观"中的"苏桥曙色"和"灵泉黑雾"就位于该镇；民风淳朴，素有革命传统，济阳区第一个党支部就建立于镇北部的史家寺村。

二、遗产要素特征

（一）名垂青史的第一党支部旧址

新市镇人民素有革命传统，济阳第一个党支部就建立于该镇的史家寺村。在抗日战争、解放战争中，新市镇人民前赴后继，因为争取和平与自由而勇敢斗争被传为佳话。1976年开始，以挖掘保护济阳的中国共产党历史资源为目的，多次开展关于史家寺党支部相关资料的搜寻整理工作。2011年"七一"前夕，史家寺党支部被确定为济阳第一批党史教育基地之一，将旧址进行了恢复和扩建，展示了区档案馆的馆藏资料以及面向社会公开征集的革命历史时期、建设发展时期的相关图片、文字资料和历史文物等，供大家缅怀先烈。

（二）历史悠久的圆隆寺遗址

新市村圆隆寺建于明成化二十一年（1485年），位于该村最北端，是新市镇保存最久的寺庙遗址。遗址现状保存较差，现仅有夯土台和寺内石基遗留，寺庙形态识别困难。圆隆寺建设之初，规模较大，气势庄严肃穆，是村民祭拜祖先神明、举行传统文化活动的地方。圆隆寺遗址现存的石质赑屃、石柱底台等文物以及遗址存留的夯土台，与围绕圆隆寺的历史传说一起，成了新市村历史文化的承载。

（三）东西包容的宗教文化特征

不同于其他镇街的汉回聚居，新市镇各村落居住着多种宗教信仰的村民，佛教、基督教等宗教文化并存，拥有以新市村为代表的圆隆寺遗址、以江店村为代表的耶稣教堂等

不同宗教特征的建筑载体。其中，江店村耶稣教堂原建筑在历史上遭受毁坏，现耶稣教堂为20世纪七八十年代在原址上重建而成。圆隆寺虽仅存遗址，但仍对村民信仰留有深刻影响。

三、遗产分类统计

传统建筑共计23处；历史环境要素共计47处，包括古树名木、碑幢刻石及其他（遗址）三类；非物质文化遗产共计5项，包括传统戏剧、传统技艺、游艺与杂技、传统舞蹈四类；文献资料共计8项，包括族谱及其他文献资料两类（表2-10-1、图2-10-2～图2-10-4）。

新市镇遗产要素汇总表   表2-10-1

序号	类型	数量	备注
1	传统建筑①	23	传统民居共23处,其中包括: 教堂1处、第一党支部旧址1处、其他传统建筑16处、百年历史的民居5处
2	历史环境要素	47	古树名木33棵、碑幢刻石3块、其他（遗址）11处
3	非物质文化遗产	5	传统戏剧2项、传统技艺1项、游艺与杂技1项、传统舞蹈1项
4	文献资料	8	族谱7本、其他文献资料1份

①传统建筑以院落、建筑群为数量单位。

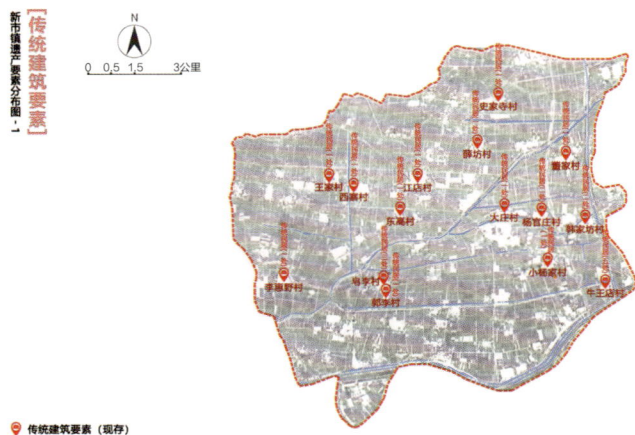

图2-10-2 新市镇传统建筑要素分布图

[历史环境要素]
新市镇遗产要素分布图·2

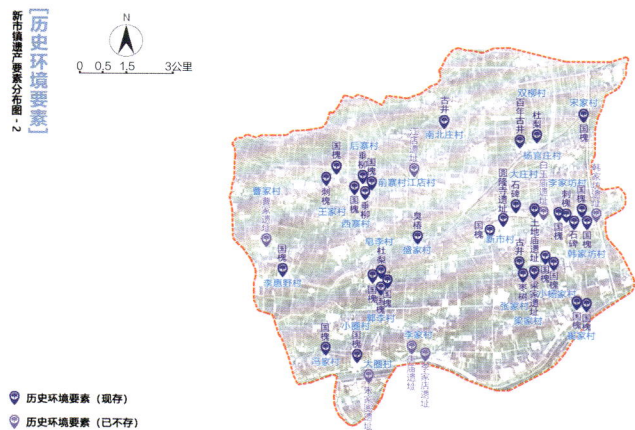

历史环境要素（现存）

历史环境要素（已不存）

图2-10-3　新市镇历史环境要素分布图

[非物质文化遗产]
新市镇遗产要素分布图·3

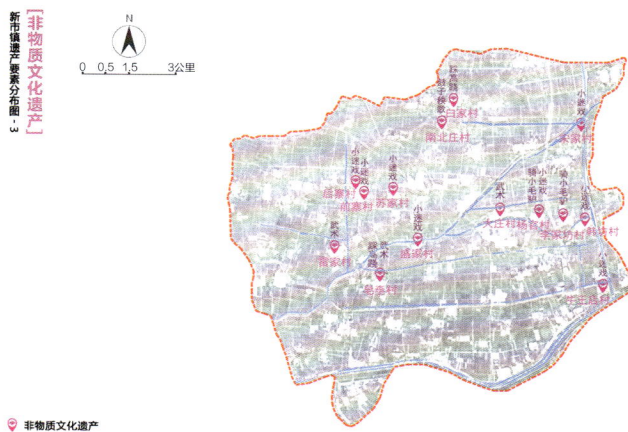

非物质文化遗产

图2-10-4　新市镇非物质文化遗产分布图

第三章 典型村落

　　济阳地处黄河下游黄泛平原，地势平坦，自然条件的共通性造就了村落布局的相似性，为便于村民生活与农业生产的需要，农业用地环绕村落而布，村内巷道呈方格网分布，形成"内居外作"的居住耕作模式。

　　随着长期的发展演变，受外在环境和内在因素的影响，村落间也呈现出各自的特色和差异。历史上，一些村落为防御洪涝和匪患，多在边界设置防范措施，开挖护村河、构筑圩子墙，创造出"高台房"和引水入村的智慧营造方式；一些村落因其经济、区位优势，承担过行政职能，至今仍保留着较多具有典型时代风貌的公共建筑；一些村落汇聚了以回族、汉族为主的村民聚居，修建了具有中西互融风格的清真寺，形成了具有民族宗教特色的村落空间；还有一些村落因其所出历史名人而对发展产生了积极的影响，为后辈留下了千古名谈，体现了当地文化的传承与发展。

　　本章选取济阳境内五个具有典型特色的村落为代表，按照历史防御、民族宗教、营造智慧、公共服务、文化名人五种类型进行了详细阐述，展现了济阳丰富的地域文化与人文古韵。

第一节　历史防御型

历史防御型村落修筑的圩子墙和圩子沟有如城市的城墙和护城河。墙体是先挖出圩子壕，就地取材以挖出土方作筑墙工料，起到了防御匪患，阻挡外来侵犯的作用。圩子沟与村内外坑塘水系的通连既满足城内用水需要，也是防洪排涝的重要水利工程。随着时代的发展，今天很多圩子墙失去了存在的意义，并逐渐被破坏甚至无存。

现今济阳境内较多村落遗留着圩子墙和壕沟遗址，以位于现仁风镇政府以东约1.4公里的四街村[①]为典型代表。中华人民共和国成立前其为历史悠久的仁风古镇[②]（图3-1-1），包括北街村、东街村、南街村、西街村。村庄基本为方形，十字街空间格局，人口聚集，商贸发达。村域总面积约4.56平方公里，周围地势平坦，植被丰茂，农田环绕。四街村作为历史重镇，建筑遗产要素非常丰富，曾有黑风口、镇武阁、城隍庙、圣人庙，以及无梁大殿、赵家楼、潘家楼等流传至今的记忆和传说，并保留了仁风镇公社粮仓、供销社和少量传统民居。

四街村历史上的圩子墙今日已不可见，圩子沟形态基本完整、清晰可辨。壕沟宽度有30～50米，深度5～6米，环村一周供泄水和军事防护之用，并形成了独特的水环境，具

图3-1-1　仁风镇四街村遗产要素分布示意图（来源：齐心怡 绘）

有积极的生态意义。中华人民共和国成立后，河上所架的岳阳桥被炸毁，位于南街村的护城河被分为东西两段，其中西北段年久失修，因淤塞严重而铺设道路、建造房屋，成为村庄空间向外拓展的突破口。

作为保存较为完整的护城河遗址，四街村是仁风古镇历史的见证，具有重要的研究价值，对当下仁风镇的建设发展具有重要的文化和社会价值。

第二节　民族宗教型

济阳境内分布着众多回汉聚居村落，有着"大杂居、小聚居"的民族聚居形式，村落中建有服务于教众的清真寺建筑。据调研统计共有清真寺15座，其中孙耿街道有丁杨村、大路村、杨家堤口、魏家村、辛集村、孙家村、逯家村清真寺等七座，垛石街道有刘营村清真寺一座，济阳街道有粮食口村清真寺一座，回河街道有马营申庄、大营村、小营村、金营村、小安村、小淮里村清真寺等六座。始建时间多为明清时期，历经长期融合发展和不断修缮形成了各具特色的中西结合风貌，现均处于良好在用状态。

刘营村作为回族村落的代表，位于垛石街道东北部11公里处，东邻徒骇河大堤西侧，西至东瓦村，南至宋家村，北与商河县搭界，村域面积656亩。刘营村形成之初以十字街为村落骨架发展，清真寺作为重要的公共建筑位于十字街西端，村落形态顺应自然地理条件，以北、西、南三面的水塘（当地人称"洼"）形成水系自然边界，而后发展为"三横三纵"的村落路网格局。刘营村清真寺建于明代，寺内大殿坐西朝东，大殿北侧从东到西依次是新讲堂、旧讲堂、沐浴室。除旧讲堂和沐浴室为遗留建筑外，其余均为近年修建；在望月楼、门廊等处屋顶采用绿色琉璃瓦的中式坡檐，形成了中西合璧式建筑风格，体现了回汉文化的交融。作为历史悠久的回族村落，刘营村清真寺风格演变具有重要文化和社会研究价值（图3-2-1）。

---

① 指共同构成仁风古镇的四个历史传统村落，包括北街村、东街村、南街村、西街村。

② 据《济阳县志》（清乾隆本）记载，仁风镇早在东汉光武帝建武三十年（公元54年）被封为"马防"，作为军事驯马、养马重地，至明代洪武元年（约1368年）设巡检司于此镇，洪武八年（1375年）裁革。

图3-2-1 刘营村清真寺

第三节　营造智慧型

黄河岸边的传统村落具有不拘形式、因地制宜的营建智慧，以济阳街道朝阳村为典型代表，其独特又神秘的传说反映了该地区特殊的人居环境，对研究我国传统村落及建筑的营建智慧具有重要意义。

朝阳村位于济阳街道正东1.5公里处，据村中老支书董仪德家中家谱记载，朝阳村祖先于明洪武年间迁自河北枣强，先迁移民都选择土地肥沃、水利优良、自然环境好的黄河岸边居住，受黄河走向影响，在此由西南斜向东北排布，最初在此建房的人家不像大多数村镇建筑一样坐北朝南，而是顺应黄河走势，朝向东偏南45°方向，并逐渐以此聚集发展形成了今天的村庄格局。由于房屋四面早晚都能享受到阳光的照射，村庄故取名"朝阳"；而外人进村后多因方向错位而迷路，村子也由此多了一个外号"斜庄"，流传下不少脍炙人口的传说（图3-3-1~图3-3-3）。

图3-3-1 "斜庄"现状示意图（来源：刘雨桐 绘）

图3-3-2　"斜庄"水塘

图3-3-3　"斜庄"司南

第四节　公共服务型

　　义和村位于孙耿街道办事处东1公里处，东起罗家屯，西至西街，南起南街，北至北街。村域面积约2210亩，村庄面积约512亩。作为曾经的孙耿街道政府驻地，义和村保存有数量众多、各具特色的公共建筑，均集中建设于20世纪50~70年代。其中有老政府大院（含派出所、法庭、人大办公室、党政办公室、职工宿舍等）、老卫生院、绣花厂、农具厂、完小、供销社、百货门市、粮所等，反映了中华人民共和国成立初期中小城镇的典型风貌特征（图3-4-1）。

　　老政府大院位于村东南侧，南临村东西向主要道路。院落为长方形，占地面积约7.5亩。大院中间为通道，两侧呈鱼骨式排列单层砖木结构建筑，共有四排，由派出所、法庭、人大办公室、党政办公室、职工宿舍等功能组成，其中第三排一座青砖建筑建于民国时期，2018年被列为济南市历史建筑普查挂牌建筑。位于大院西北角的一处民居院落原为丁文芳家宅，也已有100余年历史，是义和村最古老的民居之一，采用传统青砖结构，主房山墙墀头手工雕花技艺十分精湛。自镇政府搬迁到新驻地后大院基本荒废，院落中杂物堆积，建筑多处坍塌（图3-4-2~图3-4-7）。

图3-4-1　孙耿街道传统公共生产生活建筑分布示意图（来源：张涵冰 绘）

老卫生院位于村中部主要东西道路北侧，占地28亩，属于同时期规模较大的乡镇卫生建筑。中间两栋门诊用房为青砖红瓦，其余病房等为带有前门廊的红砖红瓦建筑。目前除部分尚有人居住外，建筑多已闲置（图3-4-8、图3-4-9）。

绣花厂位于村中心北侧，占地约400平方米，原为"徐姑娘"庄园。"徐姑娘"本名艾绍荃，清光绪年间生人，其母徐桂馨。生性乖僻，奉母至孝，相传为十里八乡闻名的中医大夫，以治疗妇科病症而闻名。1973年在此新建2层建筑作为公社绣花厂，采用红砖砌筑，走廊柱子外饰水泥，施工精细，即使在今天来看仍具有非常突出的标志性。屋顶现已坍塌，现状岌岌可危（图3-4-10、图3-4-11）。

农具厂位于绣花厂北侧，于中华人民共和国成立初期建

图3-4-2　老政府大院大门（来源：刘雨桐 摄）

图3-4-3　老政府大院内院（来源：刘雨桐 摄）

图3-4-4　老政府大院通廊
（来源：刘雨桐 摄）

图3-4-5　老政府大院建筑普查铭牌
（来源：刘雨桐 摄）

图3-4-6　老政府大院办公室山墙（来源：刘雨桐 摄）

图3-4-7　老政府大院党政办公室南立面（来源：刘雨桐 摄）

图3-4-8　老卫生院病房南立面（来源：刘雨桐 摄）

图3-4-9　老卫生院办公室北立面

图3-4-11　徐姑娘庄园绣花楼南立面

图3-4-10　徐姑娘庄园绣花楼（来源：刘雨桐 摄）

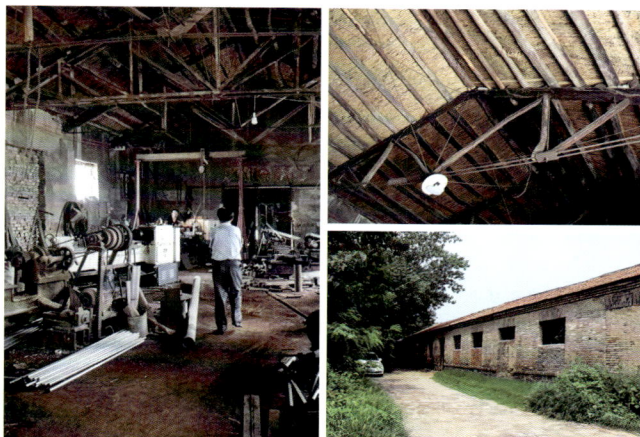

图3-4-12　孙耿农具厂车间内外景

设，最初为翻砂车间，主要用以铸造铁器的原胚。车间采用青砖红瓦砌筑，建筑形体高大，屋顶为钢屋架木檩条结构，目前内部大致保留原有格局。车间内于20世纪70年代自行建造的车床、刨床以及空气锤等金属加工设备仍在正常使用，主要为附近村民提供农具、家具等装置的修补服务。农具厂这一活态使用现状，对于乡村的工业设施遗存研究具有积极意义（图3-4-12、图3-4-13）。

供销社位于村西东西主干道南侧，于1971年建设，主要用于销售生活用品。建筑为红砖水泥单层建筑，长约18米，宽约6米，高约5米，建筑檐口下有水泥制作的"全心全意地为人民服务"字样。建筑保存基本完好，现处于闲置状态（图3-4-14、图3-4-15）。

土产门市部位于义和村西侧，于1970年建设，主要用于销售农具。建筑为单层青砖红瓦砌筑，形体高大，外墙底部

图3-4-13　孙耿农具厂年代久远的加工设备

一米多高的毛石勒脚依然保持了完好的现状，建筑整体质量较好，现处于闲置状态（图3-4-16）。

百货门市位于村西主干路转角处，于1966年建设。建筑为单层青砖砌筑加水泥抹灰，高约5米。主入口朝向西北，立面采用对称式竖向线条设计手法，中间最高处女儿墙有五角星点缀，体现了强烈的中华人民共和国成立初期仿苏式建筑特征。建筑年久失修，现处于闲置状态（图3-4-17）。

粮所位于村南主街北侧，为一处大型院落，于1956年建

设。建筑为单层砖木结构，青砖红瓦砌筑，高约4米，曾作为粮库和油库使用。库房山墙入口上方有水泥制作的匾额和五角星，一侧上书"人民公社好"，另一侧上书"毛主席万岁"，具有鲜明的时代特征。现已失去往日作用，成为饲养牛、马等牲畜场地（图3-4-18~图3-4-20）。

完小为原镇小学，位于村中部的老卫生院对面，现已荒

图3-4-14　供销社大门

图3-4-16　土产门市部东立面

图3-4-15　供销社北立面

图3-4-17　百货门市大门（来源：刘雨桐 摄）

图3-4-18　粮所入口建筑（来源：刘雨桐 摄）

图3-4-19　粮所内院

图3-4-21　完小大门口石碑

图3-4-20　粮所库房标语

图3-4-22　完小大门外墙体

义和村由于交通便利，历史上曾有齐姓、杜姓、周姓大家族在此繁衍，除了传统的族谱记载方式，他们还广泛采用"轴子"形式，以大规格书卷字画方式记录了自祖辈至今所有的家族传人，对于研究村落历史、姓氏发展及族谱记录方式的演变均具有重要价值。

第五节　文化名人型

济阳这片沃土造就了一代代的杰出人才，如张稷若、艾元徵、卢永祥等，其家乡后代为纪念先祖而更村名，因此声名远扬。以回河街道张稷若村为典型代表，其张尔岐的传说被列为山东省非物质文化遗产保护项目，体现了当地儒家文化的传承与发展，对丰富济阳文化具有重要意义。

废，门口遗留石碑埋于地下，上刻"家长会"，当年书写于大门口两侧墙上的"百年大计　教育为本"标语依稀可辨，院中还留有多排砖木结构的平房校舍，可以看出当年村级小学的规模（图3-4-21、图3-4-22）。

张稷若村曾叫东风村，由于明代有张姓自河北枣强移民至此，故又称"张庄"，后因明末清初，闻名全国的经学大师——张尔岐出自此村，后人为纪念他将村名改为"张稷若村"。张尔岐（1612—1677），字稷若，号蒿庵，明清之际著名经学家（图3-5-1、图3-5-2），自幼聪颖好学，熟读经史，兼及诸子百家，旁及太乙、奇门之学，晚年精研"三礼"（《仪礼》《周礼》《礼记》），造诣颇深。张尔岐一生寒素，耿介自持，其门人艾元徵时为清康熙朝刑部尚书，每有重礼馈赠，必婉言谢绝，平时更无所求。曾应与修《山东通志》，事毕不受酬礼而归；事亲至孝，因老母多病而研习医道，术成后乡邻纷至求诊，必细心施治，不惮劳烦。与两弟分居自择劣等田产，其二弟残疾（盲人），甘愿代其承担赋役30余年，临终还嘱其儿子们为叔父代承赋役。张尔岐一生著作等身，除《仪礼郑注句读》外，其重要者尚有《易级说略》《诗经说略》《书经直解》《老子说略》《春秋三传驳义》《萧床闲话》《弟子职注》等，多由后人及弟子刻版问世。

张尔岐及其父之墓原位于陈玉寨村东，"文化大革命"

图3-5-1 张尔岐雕像

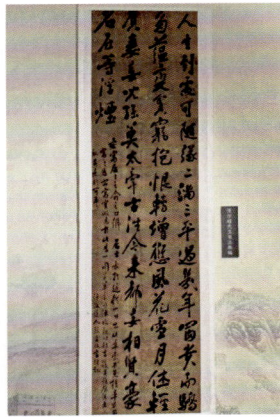

图3-5-2 张尔岐书法条幅

期间被毁，20世纪70年代因修建公路并迁至现址，迁墓时曾出土张尔岐墓的墓志铭。由于历史的尘封和演绎，加之其终生研究的经学古老深奥，使关于他的传说丰富多彩、出神入化，在民间流传甚广，清明节时后人及村民多来拜祭。张尔岐墓现属于济南市级重点文物保护单位，其传说被列为省级非物质文化遗产，与此相关的非遗内容都具有较高的社会和文化价值。

第四章 民居建筑

        济阳现存传统民居建筑年代多集中于清末时期，根据形制可分为府邸与民居两类。由于济阳历史上多次遭遇黄河泛滥，水患在为先民带来丰沃土地的同时也造成了对生产资料的破坏，尽管财富的积累较慢使得规模化的宅邸建筑较少，但其中不乏富有特色的代表和典例：既有吸收外来文化所形成的中西合璧式卢氏故居，又有官员告老还乡所建的文官式建筑周氏庄园，还有商贾士绅在地营造的白家老屋等。同时古代劳动人民在临黄而居的自然环境下，不拘一格、因地制宜发展创造了富有智慧的生态建造方式：既有如四合村、时家圈等为防止洪水冲击房屋而形成的高台房建筑，也有李八村等为减轻建筑主体结构受洪水冲击损伤所形成独具特色的"四梁八柱旮旯木"结构。

第一节　宅邸

一、卢氏故居

卢氏故居坐落在回河街道举人王村东首，建于1917～1919年，2013年被列为山东省第四批文物保护单位。

故居主人卢永祥为北洋上将，字子嘉，原名卢振河，生于清同治六年（1867年），曾任淮军的队官哨长、武卫右军管带。后被奉旨在天津小站主持督练新建陆军的袁世凯聘为军官训练新军，历经民国初期军阀混战，相继担任军政要职，在近代中国具有一定影响。

卢氏故居是卢永祥在任浙江督军时所建。宅邸南北坐向，占地约15亩，分主宅、辅宅两大部分，主宅约占整个建筑面积的五分之四。主宅建筑纵列在一条南北方向的中轴线上，四进式建筑格局。依次为大门—第一院落—第二院落—第三院落—后花园（探场）。主宅西侧，附有"嘉惠学校"字样（图4-1-1～图4-1-3）。

主宅大门坐北朝南，辅宅大门坐西朝东。主宅大门高大结实，大门两边的枕石及台阶下方各有一对石狮挺立，门槛约有0.5米高（图4-1-4）。门厅宽大，门厅东侧有一耳屋，供门卫使用。中式大门两边连着两座巴洛克风格的拱形边门，边门立面山花顶部断开，檐部水平弯曲，墙面凹凸度很大，装饰丰富，有强烈的光影效果（图4-1-5）。其中一座边门位于大门东侧约15米处，南向无门槛，此边门向北直通主宅第一个院落的东侧房屋；另一座边门位于大门西侧约15米处，其体量较小，南向有门槛，可直接通往嘉惠学校，其门楣上方题有"嘉惠学校"四字。

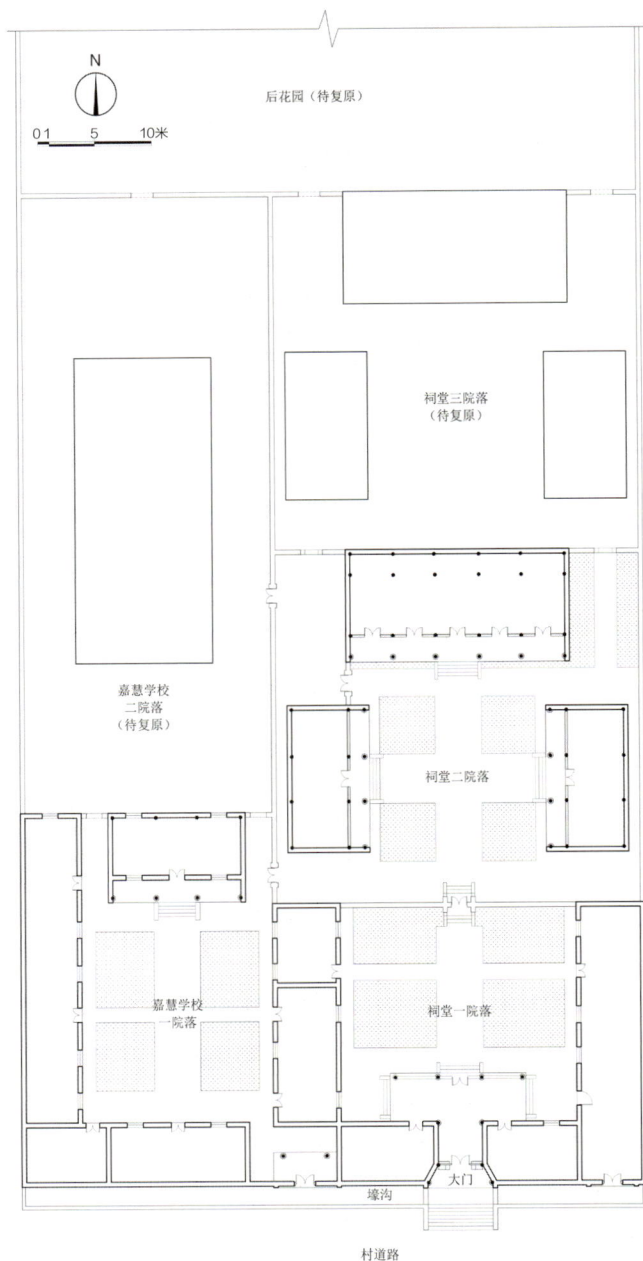

图4-1-2　卢氏故居平面图（来源：韩广辉 绘）

图4-1-1　卢氏故居鸟瞰1

图4-1-3　卢氏故居鸟瞰2

图4-1-4　卢氏故居中式正门

图4-1-5　卢氏故居西式边门

图4-1-6　卢氏故居圈门

从大门往北下台阶进入第一进院落，院落有东西两排房屋。第二进院落的二道门与大门在一条中轴线上，上下三级台阶，两院的隔墙为透花砖墙。第二进院落北屋为正房，前出厦式，厦檐用规整的圆形明柱支撑，明柱下是细雕石鼓圆座。该院为主人生活起居之地，除北屋外，尚有东西厢房，高度均比北屋低矮，没有前出厦。

第二进院落正房西山墙和西厢房的北山墙处，有圈门可以进入第三进院落（图4-1-6），同时在西厢房南面有一处进入西院"嘉惠学校"的小路和普通便门。第三进院落仅有一座房屋，是主人供奉、祭祀祖先的祠堂，结构与第二进院落北屋类同，此院没有其他配房，显得格外开阔。第三进院落有便门，往北是一大片空闲地，为东西长方形，始为待建的后花园，后为护院卫士的操练场，最终改建为"嘉惠学校"体育场。

故居建筑材料为上等的砖石、木、灰，屋顶以青灰色小瓯瓦覆盖，室内白墙，地面大方砖铺墁，所有外露墙壁及宅院四周院墙均为灰砖砌筑的清水砖墙，在墀头有简单的物象浮雕图案。屋外屋顶飞檐翘角，北房、厢房屋脊两侧有吻兽；室内土红色梁架裸露，无后窗，显得古朴典雅。它的一砖、一石、一木，都做工细腻精到，庄重而不沉闷，造型大气而不富丽堂皇（图4-1-7、图4-1-8）。

卢氏故居历经百年岁月的沧桑洗礼，是举人王村重要的历史见证和济阳的建筑瑰宝，对于近代建筑史的研究具有较高的历史、艺术与科学价值。中华人民共和国成立后，卢永祥故居被收归村集体所有，曾经做过粮食仓库、村小学，后

图4-1-7　卢氏故居细部1

图4-1-8　卢氏故居细部2

逐渐荒废。2014年文物保护部门对卢永祥故居进行原貌修缮，为这座百年老宅重新注入活力，呈现在世人面前。

二、周氏庄园

周氏庄园坐落在徒骇河北岸垛石街道后楼村中心偏南位置，是济阳现存比较完整的一处明末清初的古建筑群（图4-1-9）。周氏二十一世周晓聪现在其中居住。

庄园自明代天启年间由周家七世祖周耀德首建，历经后人不断地扩建和修缮，至清咸丰年间，时任湖北道台的周氏十三世祖周成民使庄园规模达到最盛。据周氏后人周晓聪讲述，庄园坐北朝南，所在地势北高南低，共有6处宅院、18进院落、12座楼房，花园楼阁、亭台共400余间，另外还有土地4000多亩。现今多数建筑已消失，仅存院落一处，包括门楼、影壁墙、北门楼、北侧正房和南侧倒坐房，以及原用作济阳区委办公地点的院落遗址一处（图4-1-10）。

大门楼高大宽敞，面阔4米，高6米，为硬山顶，檐上铺小灰瓦，檐脊上有精美的浮雕花卉（图4-1-11），大门为金柱大门，合抱山墙做法。进入大门，迎面是一面砖雕影壁（图4-1-12），影壁墙雕刻精美，四周边框为竹节纹、缠枝牡丹仙童子、梅花鹿等图案。南面的倒坐为三开间，前出厦，灰瓦屋顶，飞檐翘脊（图4-1-13）；北侧正房也是三开间七架抬梁式建筑，硬山顶，前出厦，明间与次间面阔均为3.4米（图4-1-14、图4-1-15）。除了这一处院落，周氏

庄园还有北侧一处门楼保留至今。北门楼沿街朝北，高7.5米，长6.5米，宽6.1米，门洞为拱形，有两扇木质大门。大门墙上镶嵌一青石，石上雕刻"拱辰"楷书二字，寓意忠君卫国（图4-1-16、图4-1-17）。

周氏家族名人辈出，其宅邸属文官式建筑群，在建筑规模、形制、装饰与建造技法等方面体现了济阳乃至黄河下游地区民居建筑的较高水平，这些遗产对于后楼村民，特别是周氏后人有着难以割舍的情感价值，更是垛石街道历史发展

图4-1-9 周氏庄园鸟瞰1

图4-1-10 周氏庄园鸟瞰2

图4-1-11 周氏庄园门楼

图4-1-12 周氏庄园砖雕影壁

图4-1-13 周氏庄园倒坐南墙

图4-1-14 周氏庄园正房北墙

图4-1-15 周氏庄园正房屋顶吻兽

图4-1-16 周氏庄园牌匾

图4-1-17 拱辰正立面

的见证和文化载体。周氏庄园1992年成为济阳重点文物保护单位、2007年成为济南市级文物保护单位，被专家称为"济南地区、黄河以北优秀古建筑的孤品"，在山东古建筑史上占有重要的地位。

三、白家老屋

白家老屋坐落在孙耿街道西郎村与东郎村交界处西侧，建于清朝末年，靠近村庄主干道，是西郎村现存最为古老的建筑。老屋原主人白元龙是清末时期当地首屈一指的乡绅，于中华人民共和国成立后土改时期举家迁往南京。随着时间流逝，老屋逐渐荒废，仅留存一处院落和北侧老屋，现由原屋主白元龙的本族后人代为保管。

现存老屋历经百年沧桑但整体保存情况尚好，建筑面宽约15米、高约5米，共有五开间。屋顶结构形式为传统的五架梁，结构保存较为良好；屋顶正脊处瓦片当年从河南采运而来，现构造依然清晰可见；屋面后经修补，现整体以灰色机瓦为主（图4-1-18、图4-1-19）。墙体底部以青砖砌筑，

图4-1-18 白家老屋北屋南立面

顶部以土坯砖填充，厚度近60厘米，此种构造有利于实现室内冬暖夏凉（图4-1-20、图4-1-21）。方形木窗顶部用青砖拱券，两者之间以带有圆形通气孔的弧形板填充。门窗洞口处的墙体内部砌衬带有承重作用的砖柱（图4-1-22）。现老屋成为存放农具的杂物间，屋内墙壁上糊有1987年的《大众日报》，上用毛笔书写毛主席语录（图4-1-23）。

图4-1-19　屋顶结构

图4-1-20　白家老屋北屋东立面

图4-1-21　墙体构造

图4-1-22　砖砌弧拱过梁结构

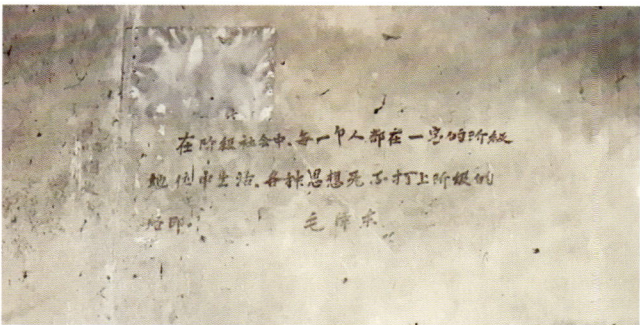
图4-1-23　墙面报纸上手书的毛主席语录

图4-2-1　第一党支部展览馆庭院（来源：网络）

第二节　民居

一、济阳第一党支部

　　1939年2月，济阳第一个党支部在史家寺村诞生，史家寺村党支部的建立标志着济阳开始有了共产党的领导。

　　史家寺村位于新市镇驻地以北8公里，地处济阳、商河、临邑三县交界处。该村始建于明朝永乐年间，因村西有一寺庙，史姓人家最早居于此，故叫史家寺村，后简称为史家村。

　　第一党支部旧址时为第一任党支部书记李兴民的家，为一座典型的当地农村院落，包括北屋5间，东屋2间，西室2间，角门1间，总建筑面积255平方米。为记载传承党史、缅怀革命前辈、激发爱国情感，本着"复原复真、修旧如旧、尊重历史、教育后人"的原则，2011年对第一党支部旧址进行了修复及扩建，由旧址、展览馆、广场三部分组成

图4-2-2　第一党支部展览馆内馆（来源：网络）

（图4-2-1、图4-2-2），建成后比较真实地重现了当年党支部成立时工作生活的场景。展览馆依托第一党支部旧址而建，坐北朝南，旧址墙体以石为墙脚，墙脚上用未经烧制的手工土砖垒砌成墙，屋顶上置于墙体，架木制横梁，横梁上置屋架，屋架上覆青瓦，瓦上用水泥找平；内部家具为

原址木制家具复原。展厅陈设用历史照片、文物、多媒体手段展现了真实的奋斗历史，展示了济阳第一党支部党员们的光辉事迹，将红色资源转化成了党史学习教育的生动教材（图4-2-3、图4-2-4）。

二、皂李村传统民居

由于村民的保护意识较强，新市镇皂李村传统民居现存较多，年代久远且保存情况较好。村中心区域，有三处清朝遗留下来的传统民居均据村民介绍1949年以前户主为村中乡绅。为了便于区分，将这三处民居所在院落命名为传统民居1号、传统民居2号与传统民居3号，其中传统民居1号与传统民居2号已无人居住，传统民居3号现作为村民家中杂物间使用。

传统民居1号由正房、西厢房和一进院落组成，在西厢房的南侧开设大门。院落约为长15米、宽10米的长方形，其原有院落布局基本保留，后由村民对其进行修缮，在外围新

砌红砖院墙。民居正房为砖木结构，墙体由青砖砌筑；其屋顶为木质梁架结构，上覆机制红瓦；门窗为平顶结构木质过梁，由于时间已久，原有的保护漆局部脱落，裸露的木材已被氧化为黑色。后期曾被修缮的西厢房同样是砖木结构，其下部材质为原有青砖，上部材质为后期修补置入的红砖；屋顶为木质梁架结构，现上覆蓝色彩钢板防止原有建筑漏雨；门窗顶部为砖砌拱券，其拱形上部有保存较为完好的砖雕（图4-2-5~图4-2-7）。

传统民居2号、传统民居3号仅各自保留了原传统宅院的一栋建筑，其余为新建。遗存建筑均为砖木结构，墙体由青砖和红砖砌筑，屋顶为木质梁架结构，上覆传统灰板瓦，门、窗、门梁均为木质。传统民居2号四面墙体均有砖砌拱券开窗，外饰以异型砖瓦，南立面另有木过梁开窗，外观构造保存较好，至今仍清晰可见（图4-2-8、图4-2-9）。传统民居3号南立面底部除门的位置外均为青砖，上部柱间为木开窗，门窗上雕花保存完好，整体通透，门上牌匾保存完整（图4-2-10~图4-2-12）。

图4-2-3　第一党支部旧址入口

图4-2-4　第一党支部旧址庭院

图4-2-5　传统民居1号全貌

图4-2-6　传统民居1号院落环境

图4-2-7　传统民居1号北侧屋顶

图4-2-8　传统民居2号山墙

图4-2-9　传统民居
2号山墙雕刻

图4-2-10　传统民居3号全貌

三、前楼村传统民居

　　垛石街道前楼村现存两座传统民居，始建于清朝，其中一座位于前楼村的中心地段，另一座位于垛石街道前楼村的东北角，同属周氏后人所有。

　　村中心地段民居现无人居住，其正房是传统五架梁结构，墙体青砖砌筑，现主体保存良好。屋顶年久失修，损坏严重，其门窗过梁均为木质，因时间久远，表面已逐渐被氧化为黑色。院落由于长期无人打理，现杂草丛生、杂物堆积（图4-2-13、图4-2-14）。

图4-2-11　传统民居3号东立面

村东北角民居目前保存较好且有人居住，所在院落除此一栋老房子外，其余均为新建（图4-2-15、图4-2-16）。建筑屋顶为五架梁结构，上覆小青瓦，保存基本完好。正脊局部已破损，垂脊仍保留始建模样；墙体为青砖砌筑，保护过梁的油漆已逐渐褪色。通过墀头上"福"字字样、门上"卍"字图案窗花、山墙构造等，可以看出这是一座建造考究的当地传统民居建筑（图4-2-17～图4-2-19）。

图4-2-12　传统民居3号北立面

图4-2-13　村中心民居南立面细部

图4-2-14　村中心民居院内环境

图4-2-15　村东北角民居院落环境

图4-2-16　村东北角民居南立面

图4-2-17　村东北角民居南立面东墀头

图4-2-18　村东北角民居东北垂脊

图4-2-19　村东北角民居东立面装饰

四、双柳村传统民居

回河街道双柳村，部分保留一座清朝传统民居。该民居为一富商故居，主人姓名不详，曾经作为酒店，后逐渐破落，部分屋顶已坍塌，院内荒芜。民居沿街北立面为青砖砌成，从现状可辨识曾开有一门两窗（图4-2-20），其余立面在青砖勒脚上砌土坯墙，四角加砖柱。山墙墀头刻有梅花鹿造型，雕刻精美，反映出当时工匠建造技艺的高超和户主家境的殷实（图4-2-21、图4-2-22）。

五、李八村传统民居

仁风镇李八村格局规整，现状房屋整体建成较晚。现存20世纪五六十年代的一座青砖房和三座土坯房（图4-2-23）。

青砖房保存较为良好，是标准两进院，北侧正房为青砖砌筑，其余建筑为红砖，其门窗为木质。正房建造时先由木头扎成框架，再填充青砖，采用四梁八柱的构造，八柱是指支撑框架的八根柱子，前后各四根，均匀分布；四梁是指八根柱子所支持的四根横梁。现北侧正房前有一棵140年左右

图4-2-20 双柳村传统民居北墙

图4-2-21 双柳村传统民居北墙墀头雕刻

图4-2-22 双柳村传统民居东北角

图4-2-23 李八家村鸟瞰

的枣树，整体保护较为完好（图4-2-24、图4-2-25）。

村内三处土坯房保存状况一般，均采用"四梁八柱旮晃木"的传统做法。房屋多为三开间，中间两道梁，加上前梁、后梁合计是四根梁，每根梁的两端各有一根柱子，起到支撑的作用。柱间墙体以土坯压实、垒叠，内有纵向木支撑，不承重，因此也有墙倒屋不塌之说。檐口则采用叠涩出挑的方式以砖石砌垒而成（图4-2-26~图4-2-28）。

六、四坊村传统民居

仁风镇四坊村现存一座清代民居（1908年），房屋主人为四坊村地主司兴恩（图4-2-29）。该民居为三合院，

图4-2-24 青砖房正房窗户

图4-2-25 青砖房倒座穿廊

图4-2-26 土坯房1墙体构造

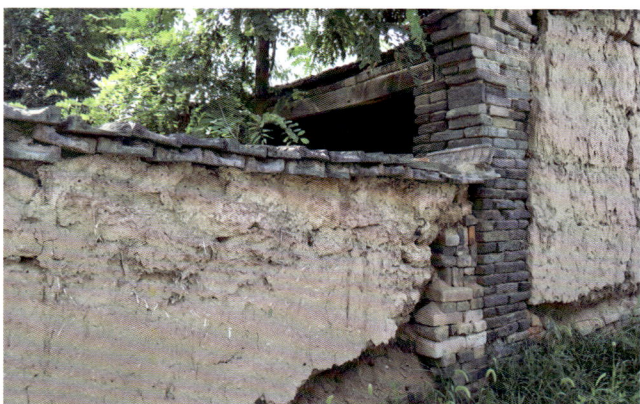

图4-2-27 土坯房2

图4-2-28 土坯房3

图4-2-29 四坊村清代民居院落

整体保存完好。大门置于院落西北角（图4-2-30），大门两边各有一个门枕石，不同于常见的立式抱鼓石，该门枕石为在箱型石块内雕刻出立体鼓状，八角留有孔洞兼做拴马桩之用（图4-2-31）。穿过拱形门洞便可进入院落，门洞拱券由异型砖瓦勾勒，富有民国气息，或为民国时期加建（图4-2-32）。建筑为青砖筑基，夯土筑墙，屋顶已换成现代红瓦。房屋屋顶原为传统平顶做法，后因屋顶漏水，故在建筑夯土墙上堆砌青砖以此来支撑坡屋顶，再用瓦片加盖坡屋顶，建造工艺为现代手法（图4-2-33）。北屋正房进深约4.5米，总宽度约11米，门窗上部为独具当地特色的木过梁，房门右侧有嵌入墙内用于祭拜土地神的神龛（图4-2-34）。建筑内部墙面贴满独具时代特色的挂历、画报，展现旧时村民生活方式，室内隔墙上门扇还保留清代时的木格栅窗框（图4-2-35）。

七、张刘村传统民居

太平街道张刘村西现存一座清末传统民居，院落由东西南北四座房子构成（图4-2-36）。与常见传统民居不同的是，院落大门位于西北角（图4-2-37），而正房位于院落北侧，即大门与正房在同一侧，南屋南北两侧各开一门，连通院落与后面的菜园。房屋为土坯房，外墙以石为墙脚，用木模具置于其上，放入泥土经人工分层夯实成墙，墙体厚约60厘米（图4-2-38）。目前墙体仍为初建时的材质，部分脱落墙皮已被修补，屋顶已经翻新（图4-2-39～图4-2-41）。门窗上方有木过梁，周边饰以线脚，形成独特的艺术造型。

图4-2-30　民居大门

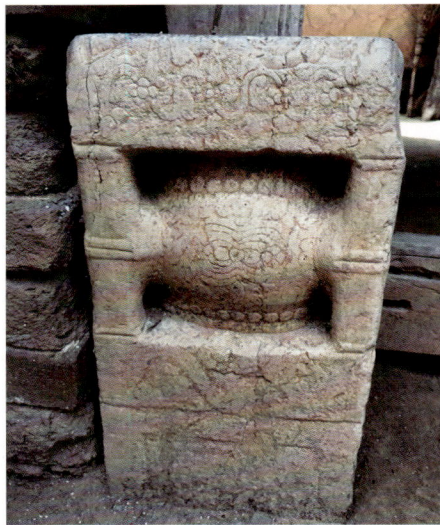
图4-2-31　大门口抱鼓石

图4-2-32　拱形门洞

图4-2-33　屋顶结构

图4-2-34　正房南立面

图4-2-35　正房室内

图4-2-36　张刘村传统民居现状

图4-2-37　民居大门

图4-2-38　墙体局部构造

图4-2-39　窗过梁细部

图4-2-40　传统民居西立面

图4-2-41　厢房门口

八、时家圈村高台房

仁风镇地处黄河北岸，历史上黄河决口泛滥带来了许多破坏和灾难。为了很好地适应自然，应对自然灾害，当地村民创造出独具地域特征的建筑结构和生活方式——黄河泛滥时迁居，洪水退去后归来，形成了历史上特殊的"迁徙"现象。其应对洪涝灾害的建构模式主要以"高台房"的建造模式为主，从紧邻黄河沿岸的时家圈村、四合村村落来看，其应对洪涝的建构模式是整体村落建于人工构筑高台之上，避免洪水直接冲击，形成了独具特色的高台民居，"高台房"由此而得名。这种最为传统朴素的生态智慧，是如今倡导的可持续发展的典范，也形成了黄河沿岸城镇的特殊生活方式，是研究我国不同地理区域地域景观的重要样本。

时家圈村于1973年推土筑起避水台，台上平时储备粮食等必要生活用品；1976年村大队组织社员建设房台，台高约2米；1999年在原有房台的基础上，又进一步加高加固，夯起高出地面约3米的一大片土台，并在土台之上修建民居（图4-2-42、图4-2-43）。四合村整个村子的建筑都修建于高台之上，高台高出原地面约4米，素土夯筑而成（图

4-2-44、图4-2-45）。

如何保留住这一具有劳动人民共同智慧的特色居住方式，值得各方机构广泛关注。对于黄河沿岸因水而居的居住模式，尤其是以时家圈村、四合村为代表的"高台房"，虽然村庄拆迁已在进行，但可以保留原有村庄的部分高台基民房，作为这类居住模式的历史见证。

图4-2-42　时家圈村高台基址1

图4-2-43　时家圈村高台基址2

图4-2-44　四合村高台基址1

图4-2-45　四合村高台基址2

第五章　坛庙陵墓

　　济阳现存的坛庙陵墓建筑以清真寺为主，其次还有陵墓遗址、祠庙书院。清真寺始建时间多为明清时期，主要分布在回河街道与孙耿街道，建筑群风貌各异、历史悠久，大部分清真寺主体建筑已进行翻修，但建筑选址与布局基本沿用至今。另受到中国传统文化的渗透，出现了很多中西合璧的元素：如丁家村清真寺大门两侧有石狮一对；堤口村清真寺屋顶为重檐庑殿上加攒尖八角顶，均由青瓦覆盖，屋脊并刻有动物走兽；刘营村清真寺屋顶中央是六角攒尖砖塔的样式，局部有重檐，在屋顶的四角各有一个蓝色伊斯兰风格穹顶。陵墓遗址最早可考到原始社会时期，由于舜、禹、夏时期便有人类活动足迹，因此陵墓分布广泛，由于被农田池塘等覆盖，现多数地表现状无存。因其历史悠久，地下埋葬着丰富的宝藏，如三官庙、羊栏口村等汉墓遗址布局及所出土的冥器对研究汉代民居布局、建造工艺等具有重要的参考价值。祠庙书院记载着一定时期的文化历史，如为纪念孔子于此讲学而建的闻韶台，培养出清朝刑部尚书艾元徵等众多高徒的清宁书院。总体来看，济阳境内坛庙陵墓数量较多，对研究济阳宗教历史、建筑布局、历史渊源、文化背景等具有重要价值。

第一节　清真寺

一、马营申庄清真寺

马营申庄清真寺始建于元朝，位于回河街道马营村与申庄村中间位置，最初为马营、申庄两村村民自行筹资所建。有记载的维修共计两次，分别为1924年和1974年。20世纪70年代前后该寺遭到严重破坏，2001年由村民出资重新进行维修建设，形成现在的布局和规模（图5-1-1），除礼拜殿外，讲堂、水房齐全。现在寺内尚存清光绪元年（1875年）捐地碑、光绪三十四年（1908年）家谱碑和民国13年（1924年）正事碑。

该寺的大门为翘檐式建筑，门楣正中镶嵌的"清真寺"匾额（图5-1-2），为清朝光绪丁未年（1907年）间监察御史李春溥亲笔所题。"清真寺"三个大字端庄古朴、遒劲大方。关于该匾的来历，在民间还流传有一个故事：相传李春溥为今回河街道店子人，家庭出身较为贫寒。当年进京赶考，到京时已身无分文，流落至此。一村民见其虽蓬头垢面、衣冠不整，但看其相貌不凡，眉宇间透着一股灵气，遂领其到一清真饭馆吃饭。饭馆主人是今马营村马安龙之祖辈，见这一书生甚是可怜，不仅饭钱分文不要，而且为其沐浴更衣，并千方百计为其取来了进考场必需的入场签。李春溥一考得中，后为报答店主人的恩情，遂亲笔题写了"清真寺"三个大字。

马营申庄清真寺现有西大殿、北屋12间、南屋7间、影壁墙、大门等，整个寺院占地约为1.7公顷。该寺的西大殿建筑面积约为500平方米，坐西朝东，殿内穹隆屋顶，宽敞明亮，门北侧墙上镶有光绪年间石碑一块，是记述马恩本等人捐钱的功德碑；门南侧石碑刻立于光绪三十四年，主要记述了马营村家谱。殿外墙壁用青砖砌成，屋顶飞檐灰瓦，基本保持了原有风貌，两村村民每日五个时辰的礼拜都在大殿内进行。北屋为前出厦建筑，中间三间为教长等办公及接待客人的地方，室内张贴有教务负责人及有关人员的名单，有"爱国爱教"等各项宗教活动规则。西边五间为沐浴所用，东边四间为教长所用，七间南屋为廊檐式建筑，是专为教民学习阿拉伯文和礼拜用语的地方。六根柏木廊柱及廊檐下镶嵌的木雕花棂，据说是初建时所筑；北屋、南屋的屋顶用灰色小青瓦铺就，山墙用翘檐装饰；寺内影壁墙背面镶有记载民国13年（1924年）重修本寺有关情况的石碑，上刻有"道冠古今"四个大字。马营申庄清真寺内的古门匾和两块古碑有重大研究价值（图5-1-3~图5-1-6）。

二、丁家村清真寺

丁家村清真寺始建于明永乐年间，位于孙耿街道丁家村东部地段，为丁家村和杨家村共有（图5-1-7）。据碑文记载，1403年皇帝朱棣由金陵迁都燕都时路过此地，建此清

图5-1-1　马营申庄清真寺总体布局

图5-1-2　马营申庄清真寺大门匾额

图5-1-3　马营申庄清真寺阁楼

图5-1-4　马营申庄清真寺门楼屋脊

图5-1-5　马营申庄清真寺入口
门楼

图5-1-6　石柱

真寺，寺庙初建时大殿仅三间；到清朝乾隆年间重修清真寺并逐步扩大规模；清咸丰年间进一步对清真寺进行了修缮。1990年重修礼拜后殿；2001年拆除土坯讲经堂，按照中国传统建筑形式重修一新；2008年结合欧式建筑形式重建礼拜大殿。

清真寺大门朝南，院落整体为中国传统的四合院形式：建筑沿一条中轴线有次序、有节奏地布置，形成一组完整的空间序列。清真寺大门两侧有石狮一对，具有显著的中国传统建筑特色，造型优美，栩栩如生；门上原挂有"文官下

图5-1-7　丁家村清真寺入口门楼

轿，武官下马"字样的匾额，后于20世纪70年代前后遭到破坏，现已不复存在；入门迎面青砖砌墙，墙上开四方如意门，两侧又开拱形洞门（图5-1-8），如意门正对侧殿直通内院，院内清真寺主殿坐东朝西，殿顶覆金瓦琉璃，每段戗脊端头又设有三个走兽，形态飘逸生动。由于常年对清真寺维护修缮，现保存良好（图5-1-9）。

三、小安村清真寺

小安村清真寺位于回河街道小安村，为明朝宣德元年（1426年）白氏迁来时修建，现已翻修。其建筑规模较大，

有主殿、次殿和南北两个屋，建筑精美。清真寺内还存有年代久远的古碑，字迹较为清晰，是古镇宗教建筑的重要研究素材。寺内曾存有宣德香炉，于20世纪90年代末失窃。小安村及附近几个村都为回民村，因此小安村清真寺在此地影响较大，是村民的精神信仰寄托，具有较高的社会文化价值（图5-1-10～图5-1-14）。

四、堤口村清真寺

堤口村清真寺，始建于清康熙初年，位于孙耿街道堤口村中心处。其最初仅修建了做礼拜的场所，于清光绪七

图5-1-8　丁家村清真寺主道路两侧旁门

图5-1-9　丁家村清真寺屋脊兽细节

图5-1-10　小安村清真寺主殿立面

图5-1-11　小安村清真寺主殿透视

图5-1-12　小安村清真寺正殿

图5-1-13　小安村清真寺次殿

图5-1-14　小安村清真寺北屋办公室

年（1881年）修建前殿，清光绪十三年（1887年）修建后殿，清光绪三十一年（1905年）修建碑刻（上题捐赠者名单）。该清真寺为四合院形制，建筑为宫殿式砖木结构，规制完备。现存礼拜殿、对厅、南北讲堂、望月楼，保存完好。

寺院大门面朝北方，门两侧各有一石狮（图5-1-15）。进入大门，迎面是一道影壁，影壁为青砖悬山"一"字式，石雕须弥座，影壁上部为仿木结构垂花门，四周边框雕竹节纹、缠枝花纹、天马、寿字、牡丹等图案，顶上中部饰楷书"清真寺"三字。礼拜殿坐西朝东，屋顶为重檐庑殿上加攒尖八角顶，均由青瓦覆盖（图5-1-16～图5-1-18）。殿内有24根柱子，20世纪80年代在前后殿之间加了4根柱子，受

图5-1-15　堤口村清真寺大门

限于当时经济条件，柱础在人来向面雕有花纹，背面则没有花纹，体现出古代工匠智慧（图5-1-19）。礼拜殿对面有三间房屋，南北面各有三间讲堂。在大殿后院有处望月楼，是伊斯兰阿訇望月决定斋月起斋日期之处。

在整体布局、建筑形制、建筑装饰、庭院处理等方面可以看出，堤口村清真寺是一处体现着中国传统建筑风格的清真寺。

五、辛集村清真寺

辛集村清真寺始建于清嘉庆六年（1801年），位于孙耿街道辛集村西段。寺院整体布局较为紧凑，规模较小，总面积约1153平方米，建筑面积约700平方米。由于20世纪70年代毁坏严重，于20世纪80年代多次维修、翻修，出现

了水泥抹面、铝合金门窗等现代元素，但建筑外立面仍然保留很多传统建筑特点，特别是山墙面上的拱形小窗、精美雕刻及拱形门洞等，充分体现出其建筑魅力（图5-1-20~图5-1-22）。

图5-1-18　堤口村清真寺礼拜殿

图5-1-16　堤口村清真寺屋顶

图5-1-19　堤口村清真寺礼拜殿内柱础

图5-1-17　堤口村清真寺屋面山花

图5-1-20　辛集村清真寺北立面

图5-1-21 拱形侧门

图5-1-22 山墙雕刻

六、粮食口清真寺

济阳街道粮食口村是回族聚居地，距离济阳中心4公里，东临220国道与济南路交汇处，西靠大四河，南接济阳澄波湖，地理位置优越。村民多为"杨"姓，另有丁、张、米少数姓氏。据传粮食口村在古代是运粮河渡口，至今仍有痕迹，为济阳与外界进行粮食运输的必经之地，所以起名粮食口。

粮食口清真寺位于济阳街道粮食口村北，始建于清朝道光年间，后历经多次修缮，占地面积2800平方米，建筑面积1600平方米，寺内存放着钦天监杨氏家谱、牌匾和修缮后的碑记等。清真寺由大门、二门、礼拜殿、望月楼亭、讲堂和清真寺管委办公室等组成。礼拜殿坐西朝东，其屋顶为勾连搭顶，可以在下部形象不变的情况下，使屋顶富有变化，同时可

以在屋顶高度不变的情况下，扩大室内空间。屋顶交接处由室内立柱支撑，柱与柱之间以穿插枋联系，外部做一水平天沟往两边排水。正脊雕刻有植物纹路，在山墙和墀头处有工艺精美的雕刻。殿基为青石阶，鲜红的石鼓木柱列坐正门两侧，由12扇绘有各种花纹的屏风隔开，上面嵌有"亘古正教"牌匾。讲经台坐落于西北角，殿内有多种美雕作品，展示了各式雕刻技法。为保护屋顶梁架结构，建筑采用抬梁式梁架和抹角梁相结合梁架形式，五架梁承担屋面荷载并传递给抹角梁，并由抹角梁传递给承重墙体，受力合理；梁架现状保存完好，表面有近期刷漆翻新处理的痕迹（图5-1-23～图5-1-29）。

图5-1-23 粮食口清真寺主殿

图5-1-24 清真寺主殿屋顶天沟

图5-1-25 主殿屋顶交接处结构

图5-1-26 主殿墀头雕刻

图5-1-27　主殿山墙细部

图5-1-28　主殿屋顶结构

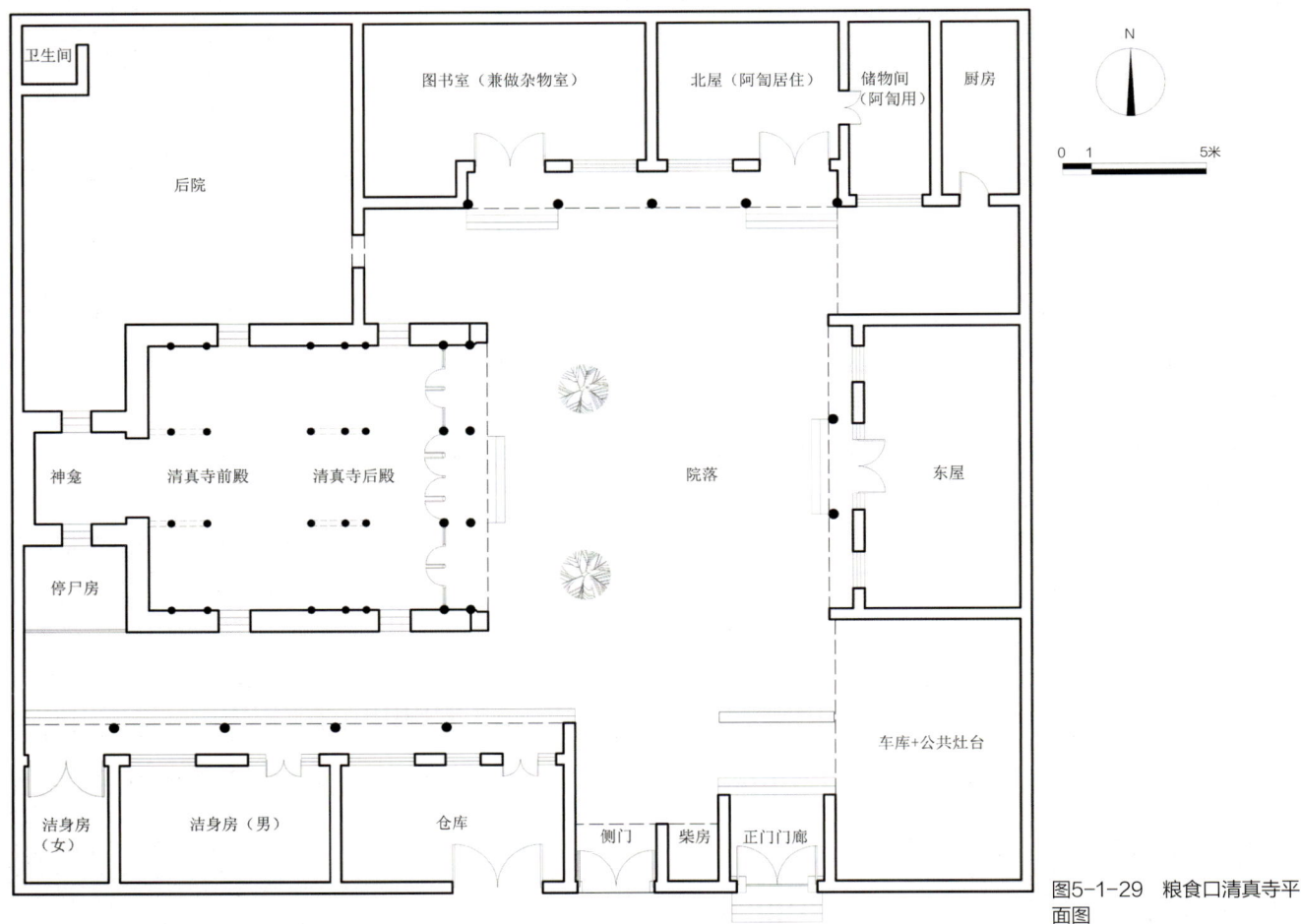

图5-1-29　粮食口清真寺平面图

北讲堂、南讲堂、洗澡房、东讲堂四面围合，形式了一处古老建筑风格的院落。四面墙壁书有伊斯兰经文，北讲堂有经书，清真寺作为一个宣传教规的公共场所，吸引了在济阳各地从事商贸活动的少数民族群众到清真寺内进行宗教活动。

七、刘营村清真寺

刘营村清真寺始建于清朝末年，位于垛石街道刘营村十字街的西端头处，西面紧邻一水湾（图5-1-30），地理位置优越。除北讲堂和沐浴室为原有建筑外，其余为近年修

图5-1-30　刘营村清真寺航拍

建。清真寺保留了原始院落边界，大殿坐西朝东，正朝入口大门，主殿南侧有一菜园，主殿北侧从东到西依次是新北讲堂、旧北讲堂、沐浴室（图5-1-31）。

清真寺主殿屋顶是中西合璧式，屋顶中央是中国砖塔的样式，局部有重檐，在屋顶的四角各有一个蓝色伊斯兰风格拱顶（图5-1-32）。大殿正立面有三个发券门，前面是九级台阶和月台（图5-1-33）。

旧北讲堂和沐浴室保存至今，台阶高度反映出等级的差别，讲堂需高于沐浴室。北讲堂为三开间，每间跨度为3.5米，墙面以及檐口部位仍保留旧时雕刻（图5-1-34）。沐浴室原入口在东山墙面，沐浴的信徒要经过暗巷从东山墙面

进入，现东山墙入口已封闭，改为在南立面正中央开门，南立面其余部分为窗户。

八、大路村清真寺

大路村清真寺位于孙耿街道大路村中部，修建于清光绪年间，至今已进行过多次翻修，保留有原来的院落格局，但建筑整体呈现出现代特征。

院落长约45米，宽约25米。院落入口大门整修一新，采用红、黑色的瓷砖贴面，中间挂有匾额，上题"清真寺"（图5-1-35）。入口正对的西殿北墙上写有赞颂真主的

图5-1-31　刘营村清真寺总体布局

图5-1-32　刘营村清真寺屋顶

古兰经并环绕几何纹样装饰。西大殿为重建建筑，采用伊斯兰风格的建筑形式，建筑长、宽皆约12.5米，高约7米（图5-1-36）。东大殿原有形式类似于北方传统民居，由于房屋年久失修已成危房，2017年参照原先建筑形式进行了翻修。如今翻修后的东大殿延续了这种风格，保留了地域特征，建筑长约12.5米，宽约5米，高约6米（图5-1-37、图5-1-38）。东大殿门外两侧墙上有清光绪年间石碑两块。

图5-1-33　刘营村清真寺大殿正立面

图5-1-34　刘营村清真寺北讲堂屋顶细部

图5-1-35　大路村清真寺正门

图5-1-36　大路村清真寺西殿东立面

图5-1-37　大路村清真寺东大殿西立面

图5-1-38　大路村清真寺东大殿北立面

第二节　陵墓遗址

一、三官庙汉墓遗址

三官庙汉墓遗址位于济阳街道三官庙村西300米处,于2018年12月中旬由村民在水塘清淤时发现。随后经考古发掘,共发现三座汉代墓葬(图5-2-1、图5-2-2),推测为家族墓群。其中M1墓室墓葬形制特殊,规模宏大,呈拱顶砖室结构,由两前厅、两中堂、三后室、一耳室组成,相当于现今的"四室四厅"(图5-2-3)。整个墓葬为砖石混建,砖为磨光大砖,尺寸达40厘米×50厘米。每个墓门和立柱都是雕刻精美的画像石,多达近百幅。这对于地处平原地区,石材取得十分不易的古代济阳来说,可见墓主人身份之尊贵。

发掘出的画像石雕刻精美、题材丰富,同时采用多种雕刻技法,细腻生动,展现了汉代高超的石刻艺术(图5-2-4)。

图5-2-1　汉墓发现位置周边环境

图5-2-2　汉墓发掘现场

图5-2-3　M1墓室布局(来源:网络)

这些汉画像大部分都是磨光后再雕刻，采用高浮雕和线雕手法，以细腻流畅的线条，将羊首、仙鸟、瑞兽等表现得栩栩如生，充分展现了近两千年来汉代画像石制作的高超技艺（图5-2-5）。为此中央电视台《探索·发现》栏目组进驻考古现场，拍摄了《水塘下的汉墓》五集纪录片，总长近4个小时，播出后引起了强烈的社会反响。

三官庙汉墓遗址是近年来全省罕见的汉代考古新发现，是济南市发现的最大的双墓道汉代画像石墓，同时也是济阳地区第三次发现的大型汉代画像石墓，其对于解读我国汉代墓葬习俗、完善汉代历史考据具有特殊意义。

二、刘台遗址

刘台遗址为西周"逄公"古墓，位于曲堤街道刘台村，于1996年被列为山东省第二批重点文物保护单位（图5-2-6、图5-2-7），面积约2万平方米。遗址中间呈台形，故称为"平顶山"。据村民介绍逄公墓与曲堤著城有路直接连通，孔子当年也是为拜访逄公墓而到曲堤，并留下"子在齐闻韶，三月不知肉味"的典故。20世纪70～80年代中期，考古工作人员对该墓进行了3次科学发掘，出土有陶器、青铜器、玉器、骨器、串珠等文物，对研究周代历史文化具有

图5-2-4　M1墓室发掘出土画像石（来源：网络）

图5-2-5　羊首高浮雕

图5-2-6　刘台遗址墓丘

图5-2-7 刘台遗址石碑

图5-2-9 玉皇冢遗址石碑正面

重要意义和价值。其中，出土的青瓷罐和玉质俏色玉鱼鹰已载入《中国文物精华大辞典》（图5-2-8），被定为国家一级文物。刘台遗址在2016年进行过维修，建起围栏和祭祀庙宇，并围起土丘。

三、店子村玉皇冢遗址

店子村玉皇冢遗址属于原始社会大汶口文化遗址，位于回河街道店子村，1977年被公布为省级重点文物保护单位（图5-2-9）。

据《济阳县志》记载，明朝时期曾两次在冢上修建玉皇寺，所以叫"玉皇冢遗址"。1973年黄河泛滥，村民拆除玉皇寺

图5-2-8 俏色玉鱼鹰
（来源：文化济阳微信公众号）

取砖石救灾，现仅剩建筑基座。遗址呈冢子状，为一隆起的高地，东西长77米，南北宽64米。采集的标本中包含大汶口文化的红陶鼎足，龙山文化的骨簇、骨矛，商周时期的夹砂陶片，汉代砖瓦残片等。从所发现的标本中可得出为新石器时代大汶口文化遗址，也是鲁北地区罕见的人类活动早期遗址之一。

玉皇冢遗址是新石器时代大汶口文化一直延续至汉代的遗址。这一遗址的发现，证明济阳历史可以追溯到新石器时代晚期。

四、羊栏口村汉墓遗址

羊栏口村汉墓遗址位于太平街道羊栏口村，于2003年由村民在村西一处洼地开挖鱼塘时发现，是济阳境内发现最早的汉墓。

遗址中存有11块大小不一且艺术价值极高的汉画像石，最大一块足有两吨多重，主要采用减地平面阴线刻手法。这种雕刻手法是先将石面打平磨光后，在画像轮廓以外的空白处剔去薄薄一层，使其稍显下凹；然后在画像平面用阴线刻画细部，最后在空白减地处凿刻整齐的竖线纹。用减地平面阴线刻手法雕刻的作品凝重醒目，极能体现画师和工匠的功力，画像石上所呈现的羊头高浮雕敦厚古朴、细腻传神，其独特的兽面纹双鱼造型尤为罕见。目前，该古墓遗址已被覆土封存（图5-2-10）。

羊栏口村汉代古墓是我国留存完好且为数不多的汉代墓葬建筑，对于研究济阳地区社会文化、民俗文化、丧葬习

俗以及生态环境变化、水文地质等具有非常重要的价值（图5-2-11）。

五、曹家遗址

曹家遗址属商周文化遗址，位于新市镇曹家村。1981年被定为县级文物保护单位，2013年被定为市级文物保护单位并由济南市人民政府立碑（图5-2-12）。从中发掘出的文物标本有红陶、灰陶残片等，陶片多饰有绳纹或附加堆纹；另有石刀、骨器料等。曹家旁有可容四到五人的砖房，供村民在此祭奠，现砖房已废弃。

六、邝家冢子遗址

邝家冢子是春秋战国时期遗址，位于济阳区太平街道邝家村西部农田的一处高台，为市级文物保护单位（图5-2-13）。20世纪70年代，考古人员在此发现了商朝鱼钩、春秋时期陶壶、战国时期陶豆等文物。此高台因紧邻邝家村而得名邝家（村民往往把家理解为坟，实际为高土堆），如今冢上古代碎陶片仍随处可见。从1973年考古发掘出的文物可推断出邝家历史从龙山一直到秦汉，跨度达两三千年。邝冢高出地面约3米，周边为广袤平原，由于高台可以阻挡子弹，20世纪60年代此处被当作靶场，靶场撤销后由附近村民耕种使用（图5-2-14）。

冢子北侧有一郜城村，村民称其为郜城国，济阳当地一直流传邝家冢子是郜王点将台的说法。村民曾在此处挖地窖储存粮食，后因担心破坏风水带来厄运，便将其回填。对村民而言，传说中的郜王点将台充满了神秘，有关郜王点将台的传说并非空穴来风，民国版的《济阳县志》中记载："冢至西北距郜城三里。郜世传此冢为郜王点将台"。

七、秦家冢子遗址

秦家冢子遗址为汉朝遗址，位于太平街道秦一村东400米处，北邻秦先德墓，为市级文物保护单位（图5-2-15）。地面标本较少，遗址地表有长、宽约1.1米，高约1.4米的高台（图5-2-16）。遗址上方草木茂盛，周边为农

图5-2-10　羊栏口村汉墓遗址原址现状

图5-2-11　济阳博物馆画像石陈列

图5-2-12　曹家遗址原址现状

图5-2-13　邝家遗址石碑

图5-2-14 邝冢遗址原址现状

田，受耕作及其他人为因素的影响，遗址表面面积较之前有所减少。

据村民介绍，春秋战国时期秦家冢子遗址为邿国西门，由风吹尘土形成，其上原供奉药王孙思邈，每年阴历四月十八日有庙会，现已无存。

八、秦先德墓遗址

秦先德墓建于元代，位于太平街道秦三村东北1公里处，为区级文物保护单位。墓前原立有石兽、石牌坊等，现仅存

石碑一处。石碑北侧约10米处为秦先德墓，2017年疑似被盗，现已夷平。

秦先德为元代人，官至镇抚，是万户府及都威卫使司所属掌理军匠的镇抚司（所）长官，主管锦衣卫之侦查、缉捕、刑讯等。秦先德墓及墓碑是秦三村建村历史的重要见证，该遗址被认为是家族中的重要领袖墓葬地，因此它对该村村民而言具有重要的情感价值（图5-2-17）。

九、张沟冢子遗址

张沟冢子遗址，始建于春秋时期，位于原辛集乡张沟村东北70米处，该处属于龙山文化遗址，1981年5月17日被定为县级文物保护单位，现已列入济南市第四批文物保护单位（图5-2-18）。遗址上覆盖黑土，四周长满松树，遗址北部现有一排高约30米的杨树。1979年，考古人员曾于此试挖探沟，从中挖掘出骨箭头、骨笄、蚌饰、石镰、石斧残片、红陶鬲规足等，目前遗址已荒废。

十、霹雳冢遗址

霹雳冢遗址又名平陵冢遗址，属龙山文化遗址，位于回河街道淮里庄村西南120米处，1981年5月17日被定为县

图5-2-15 秦家冢子遗址区位

图5-2-16 秦家冢子遗址现状

图5-2-17 秦先德墓石碑现状

图5-2-18 张沟冢子遗址碑文

图5-2-19 霹雳冢遗址区位

级文物保护单位（图5-2-19）。从中采集到的文物标本有石刀、石镰、半月双孔石刀残片等。霹雳冢现被夷平成为耕地，地表上尚存少量陶片。该遗址为济阳较早的人类居住地，有重要的考古价值。

第三节　祠庙书院

一、闻韶台遗址

闻韶台始建于金代金世宗完颜雍大定年间，位于曲堤街道东街村老东街南侧，现东街北侧，是当年孔子闻"韶乐"（韶乐，史称舜乐，起源于5000多年前，为上古舜帝之乐，是一种集诗、乐、舞为一体的综合古典艺术）的地方。原址之上现已修建民居，仅留东南角基石一块（图5-3-1），其

图5-3-1 闻韶台东南角基石

他遗迹已不存。

闻韶台是一座用黄土堆起的高台，台基占地3000多平方米，台顶面积约 900多平方米，是为纪念孔子于此讲学而建，后经历数次修缮，形成一定规模。盛时的闻韶台，古朴典雅，风韵悠然，是曲堤街道最古老、最著名的历史

景观，"韶台远眺"被列为济阳古八景之首（图5-3-2、图5-3-3）。

从闻韶台东南脚下可拾级而上，入口处有两大石狮分列左右，攀至30米处仰观有一倚台而立的3层楼阁，此为魁星楼。魁星楼高15米，第一层楼的大门朝南，从这里进门有两条路：一条路进门向西拐，穿过黑谷洞可达闻韶台下院落；另一条路从一层出北门登阶而上，走到尽头西拐，越过门楼去三层出北门，可达闻韶台顶端。二层东侧有楼梯可上三层。上院有大成殿、状元阁。大成殿前四根明柱，殿门朝南，檐下悬一"万世师表"的镀金横匾，屏门两侧刻有"万世为官祖，百代帝王师"的楹联，门楣上有"子在闻韶"的匾额。殿内正中的幄楼中塑有3米高的孔子金面像，颜、

曾、思、孟四大贤分坐两旁。状元阁与东南面的魁星楼三层相对，室内塑有怀抱卷轴的状元和状元冠服，旁有书童侍立，三层塑有魁星点状元像，蓝面红发，面朝正北，手持朱笔作欲点状。院内有历代重修的记事碑8块，碑高2米（其中有两块龟驮碑）。下院东南角还有一眼深井。两院都有花孔围墙相连，各有古槐松柏6株。

清咸丰四年（1854年）贡生刘仲元力成义举，成为最后一位修闻韶台的名士，他因此受到官府的褒扬。"邑侯王公嘉其敏"，而赐"宣力韶台"的匾额（图5-3-4），现存于东街村村民刘美田家中。

闻韶文化大院建于2015年秋季，位于曲堤街道东街村闻韶胡同尽头，并非在闻韶台原址建造。大院南面为建闻韶台而挖的池塘，现已为荷塘；院内有一座闻韶台模型（图5-3-5），较好地还原了闻韶台的布局与建造比例，但模型较为粗糙，并未细致地展现出闻韶台旧时风貌。

文化大院内另有六角攒尖顶亭子一个，孔子塑像一尊，有黄庭坚题"千古一脉"和曾巩题"人仁为本"碑两块。据传黄庭坚被贬为德平县令时来曲堤拜访孔子，曾在古城留八块字碑；曾巩在济南任知州时也曾到曲堤题字。

文化大院三面围墙，其中北面围墙与西面围墙有碑刻题记，北面围墙刻有闻韶台简介、闻韶台由来与闻韶台复原图；西面围墙刻有村民刘宝玉所撰曲堤古镇七言长律；北、西、东三面围墙外为民居。大院南面为荷塘，视野开阔，景色雅致秀丽（图5-3-6）。

1. 魁星楼　2. 盘厨　3. 马尾松　4. 槐树　5. 大成殿　6. 魁星阁（状元阁）
图5-3-2　闻韶台布局（来源：刘振基 绘）

图5-3-3　闻韶台实景图（来源：民国《济阳县志》）

图5-3-4　"宣力韶台"的匾额

图5-3-5　闻韶台复原模型

图5-3-6　闻韶台文化大院

二、清宁书院

清宁书院位于崔寨街道清宁村。清宁村历史悠久，古为历城在黄河北的重镇，因建于隋末唐初的清宁寺得名，历史上是济阳地区佛教文化的中心和圣地，清末毁于捻军战火。清宁取自老子《道德经》"天得一以清，地得一以宁"的语

义，喻天清地宁。

清宁书院是1941年地方民团首领杨明章为发展乡村教育时创立，选址于清宁寺的旧址，当时又叫清宁完小。为了促进地区教育与文化发展，书院规模逐渐扩大，于20世纪70年代扩建成清宁联中，2016年又在原校舍基础上进行重新修整形成如今面貌。现在的书院总占地面积约21亩，利用原校舍空置的100余间教室，设置有国学教育讲堂、历史民俗展览室、书画创作展览室、琴棋书画院、乡村剧场以及乡村记忆博物馆等，融传统文化、生态农业和现代化高科技等元素为一体，学府气息浓厚。利用原有操场改造成儒家文化广场，作为清宁村的文化交流中心举办各项文化活动。山东省儒商研究会儒德讲堂、山东省儒商研究会孝文化研究中心、济南儒商文化研究会儒商讲堂、济阳尼山书院清宁分院等机构驻扎在此，成为向外界展示清宁村"千年古村"的文化历史以及吸收外界优秀文化的交流平台。

书院以"知孝悌、明礼仪、守诚信、懂廉耻"为办院宗旨，以"守住文化之根、发扬文化之魂"为书院使命，以实现"个人和德、家庭和睦、乡村和美、社区和谐"为目标，如今在弘扬中国传统文化思想，努力建设新型乡村文化、促进乡村文明上作出了贡献（图5-3-7～图5-3-11）。

三、张稷若祠堂

张稷若祠堂始建于清代，位于垛石街道白杨店村，为一进院落。从正门进入绕过影壁墙（图5-3-12），即可进入院子看到正房。门楼采用的是金柱大门，面阔2.4米，两檐柱间距进深3.8米（图5-3-13）。继续前行呈现出传统木结构的五架梁三开间院落正房（图5-3-14），其耳房现已毁。此外，院内立有一块石碑，由于20世纪70年代前后被凿坏，现字迹不可识别（图5-3-15），目前有一梧桐树立于石碑一侧，约有50年树龄，胸径已经达到0.6米。

祠堂内挂有张稷若画像，旁边附有"卓然经师张尔岐"的字样，每逢初一、十五便会有人来烧香祭拜。张稷若祠堂既是白杨店村重要的物质文化遗产，也是周边村落乃至济阳区纪念明末清初地方名人的精神文化中心，具有重要的社会历史价值。

图5-3-7　清宁书院鸟瞰

图5-3-8　清宁书院大门

图5-3-9　清宁书院内院

图5-3-10　清宁村总体规划图

图5-3-11　清宁书院教室山墙

图5-3-12　张稷若祠堂影壁背面

图5-3-13 张稷若祠堂门楼正立面

图5-3-14 张稷若祠堂正房南立面

图5-3-15 张稷若祠堂院内石碑

四、卜家祠堂

卜家祠堂原为卜子夏家庙，建于清朝乾隆年间，坐落在曲堤街道卜家村中心靠近古时南北官道旁。据村民回忆：原卜家祠堂为砖木结构的三间大殿，垂珠吊檐，装饰精美。祠堂外有院墙，穿过南向大门映入眼帘的为青砖白灰垒砌影壁屏风。院内有两条直通大殿的砖砌甬道，松柏树肃立两旁。院墙上镶嵌着子夏的碑刻，其碑帽上刻有双龙戏珠，中间刻有盛世崇封。大殿进门是坐落在灵台上的子夏塑像，桌前有供人们来祭拜的供案。正面墙上是后人画的孔子周游列国图，东西山墙画着二十四孝孝道文化画卷。

现存卜家祠堂位于曲堤街道卜家村西南方向的农田里。2008年土地整理运动时，挖出卜家始祖墓碑，由于原祠堂位置处现种有一棵榆树，便重修祠堂。重建后的卜家祠堂虽然不复当年风采，但是对于氏族情感的交流与族谱文化的发扬有着重要意义（图5-3-16、图5-3-17）。

五、孙氏祠堂

孙氏祠堂位于崔寨街道孙大村"幸福苑"中，其主人是清朝康熙年间陕西布政使司左布政使孙建宗，此祠堂是其后人为其所建（图5-3-18）。

孙氏祠堂为围合院落，包括正房和东西厢房。正房为三开间的悬山顶，其红瓦屋顶为后期翻修（图5-3-19），屋脊上吻兽、檐下雀替等十分精美。山墙檐口叠涩出挑，其墙面砖雕线条流畅，造型饱满（图5-3-20~图5-3-23）。

孙氏家族名人辈出，在当地影响颇大：孙建宗，清崇祯十六年（1643年）进士，累官至陕西布政使司左布政使；孙光祀，清顺治十二年（1655年）进士，官至光禄大夫、兵部右侍郎；孙绪祖，清雍正八年（1730年）进士，授直隶大名府大乐县知县。明清皇帝颁发10余赦令诏命对孙氏几代人嘉奖表彰。

孙氏家祠具有一定的历史文化价值，其本身的院落格局

图5-3-16 卜家祠堂全貌

图5-3-17 卜家祠堂南立面

图5-3-18 孙氏祠堂外观

图5-3-19 孙氏祠堂主屋

图5-3-20 孙氏祠堂侧脊

图5-3-21 孙氏祠堂山墙

图5-3-22　孙氏祠堂雀替

图5-3-23　孙氏祠堂砖雕

符合所处时期的建筑特色，建筑现存的雕花、刻石等都富有研究意义。从家祠的建造可以看出孙氏一族在当地具有一定的影响力。

为严重且被树木、杂草覆盖，边界尺寸无从考证（图5-3-24）。该处遗产对于研究鲁西北民间信仰、佛教文化等具有一定历史、宗教和文化价值。

六、南霍村观音庙

南霍村为该村霍氏先人于明朝永乐年间由河北枣强县迁此建村，以姓氏取村名霍家村，后因于氏先人略晚来此村烧酒，历史又名于家烧锅。因该村西北现存另一霍家村（曾属仁风人民公社，今属曲堤街道），为区别两村，将本村改称东南霍，中华人民共和国成立后简称南霍村，沿用至今。

南霍村观音庙建于清朝，现仅存正殿台基遗址，损毁较

七、赵河村镇公庙

镇公庙又称土地庙，位于崔寨街道赵河村，村民相传始建于明代，在20世纪70年代前后被毁坏，现仅存遗址。庙内有大钟正殿，民间流传此庙极有灵性，是一块风水宝地，因此关于此庙的神话故事众多。庙前有赵河沟湿地，生态环境良好，据村民介绍湿地是被附近村民祭拜踩踏而成。镇公庙体现出当地的一种风土民俗，庙前湿地具有一定生态价值（图5-3-25、图5-2-26）。

图5-3-24　南霍村观音庙遗址区位

图5-3-25　镇公庙遗址位置

八、东坡村洪岑寺遗址

东坡村洪岑寺建于商周时期，位于太平街道东坡村东北230米处（图5-3-27）。其于1981年5月被定为区重点文物保护单位，2013年又被定为济南市第四批市级文物保护单位（图5-3-28）。从遗址中发掘出的文物标本有灰陶、褐陶2种陶器，以及红陶鬲足、鬲口沿和石刀残片、骨匕残片等。

现存洪岑寺遗址是至今济阳境内发掘的唯一一处商周文化遗址，具有重要的研究价值。同时，其对于当下东坡村和太平街道的发展和建设具有重要的文化和社会意义。

图5-3-26　镇公庙遗址现状

图5-3-27　东坡村洪岑寺位置

图5-3-28　洪岑寺遗址石碑

第六章　水工设施

　　济阳现存水工设施多集中于明清时期与20世纪中期。济阳历史悠久，作为以农业为主的临黄城市，境内既有保卫居民安全的黄河险工、壕沟寨墙，又有用于居民生产生活的闸桥井涵、堤坝渡口。黄河险工由来已久，发展中不断对其进行改进，由秸料埽到由土坝体、护坡、护根三部分构成，再到中华人民共和国成立后的"上拦下排，两岸分滞"。遗留壕沟痕迹明显，从现状中仍然能看出其原有轮廓；由于社会的发展与稳定，城墙缺乏保护，多已消失，仅在居民院落、居民围墙、耕地池塘等地方可发现遗迹；堤坝渡口是村民利用黄河生产和历史革命的见证者，同时也带动周边地域的经济发展，其选址与构造反映出劳动人民利用自然、改造自然的生态智慧和当时的精湛建造技艺。闸桥井涵促进了农业发展，保障居民生产生活便利。

第一节 黄河险工

一、黄河险工的历史与演变

黄河史上最初的防洪工程，可上推至4000年前的原始社会。"逐水草而居"的先民们为防止洪水侵害，用"水来土挡"的办法修筑一些简单的堤埂，把居住区及附近的耕地保护起来，共工氏"壅防百川"和"鲧障洪水"的传说，就是对该方式的形象描述。大禹治水时，采用了疏导法，即所谓"高高下下，疏川导滞"。大禹以水为师，能够根据水流运动的客观规律，因势利导，疏浚排洪，比共工氏和鲧的治河方法前进了一步，实现了从单纯的消极防洪到积极治河的转变。真正意义上的堤防工程，至少在西周时就已出现，从"防民之口，甚于防川，川壅而溃，伤人必多"可看出当时的堤防已小有规模。到了春秋中期，堤防已较为普遍。

黄河独特的"悬河"特点，也使得黄河下游干流堤防及主要支流河口段堤防成为管理的重点。黄河堤防主要是由堤防和坝垛、护岸所构成，同时为了防止水流淘刷、凹岸崩退，危及堤防和城镇安全，造成滩地、农田崩失等后果，在直接临河的堤段上修筑丁坝、垛和护岸工程，称为"险工"。

黄河险工有悠久的历史，据记载，西汉成帝时（公元前32年～公元前6年）就有险工。过去的险工多为秸料埽，为了提高险工的抗溜能力，20世纪50年代初期对险工进行了"石化"。后修建险工及抢险时已很少采用秸土工，并且对已有的丁坝、垛、护岸进行了改建，将秸土混合结构形式改为由土坝体、护坡、护根三部分组成的结构形式。土坝体由壤土筑成，为保护土坝体免遭水流冲刷破坏，在受溜部位上部建有护坡、下部建有护根。为适应、利用黄河含沙量大的特点，护坡、护根在新修及抢险时一般多采用柳石结构。柳料年久腐烂后用石料补充，因此在坝垛稳定之后，柳石工就变成了石工。

中华人民共和国成立后，防洪工程建设掀开了新的一页。经过70多年的建设发展，已基本形成了"上拦下排，两岸分滞"的防洪工程体系，为处理洪水提供了调（水库调节）、排（河道排洪）、分（分洪滞洪）等多种措施，彻底改变了历史上单靠堤防工程防洪的局面。

二、济阳境内黄河险工

济阳境内的黄河干流为蜿蜒型多沙河道，主河槽的横向摆动和纵向冲淤，造成河道水流长时间冲刷岸滩和堤坝，形成多处险点。目前黄河干流济阳段共有较大险点5处（图6-1-1），分别位于崔寨街道东贾村、回河街道沟杨村、济阳街道葛店村、曲堤街道张辛村、仁风镇小街村附近岸线；共有险工14处，其中崔寨街道6处，回河街道、济阳街道、曲堤街道和仁风镇境内各2处。

目前济阳境内存在的护岸工程有三种形式：平顺护岸、矶头护岸和丁坝护岸（图6-1-2）。

位于东贾村、沟杨村、葛店村、张辛村附近的四处河道凹岸，常年受河水主流顶冲，水深流急，为保护凹岸不受冲刷，采用平顺护岸。这种形式使护岸段的水流较为平顺，可保护河岸，河道结构、河床演变等与护岸前基本没有太大的变化。由于河段崩岸线较长，在全线修建平顺护岸险工投资大、实施难，因此济阳段采用"守点顾线"施工形式，在关键险点进行适当防护。

针对岸线平缓，无明显拐点的河段，在其岸边修筑凸出河岸的坝体，形成探出河岸较短的半圆形矶头护岸，或深入河道水流范围相对较长的丁坝护岸——将河水主流挑离河岸，保护堤岸不受来流直接冲蚀而产生淘刷破坏。如崔寨街道史圬村附近河段，河身较窄、水压较小且凹岸线不规则，修筑矶头护岸，稍作引流外移，不使对岸水流发生显著变化即可维护堤岸滩沿安全。而曲堤街道郭纸村附近河道较宽、水压较大，对岸沙滩林立，近水区域无农田与建筑，故选择挑流作用较大的丁坝护岸，改变原来水流方向，使河道主流远离滩沿，冲兑并落淤于对面岸滩。

为达到更好地保滩护堤效果，有时会综合考虑到地质与河流深泓演变情况，采取多种护岸联合运用的形式，如崔寨街道东贾村、仁风镇小街村附近坝挡，结合多种护岸类型，将防洪和治导作用发挥到最大。

一段段的险工堤坝伸入水中，形成极富韵律感的大地景观；坝体受到水流冲击，改变了水流的方向，形成滚滚水面的壮观景色。如今，在建设绿色黄河生态景观线与建设现代化新型城市相结合这一新的形势和要求下，沿黄景观建设日益受到重视和发展，以险工大堤为主体的黄河防护工程利用其特有的景观要素和空间形态，将防洪功能、生态功能和景观旅游功能三方面统一协调，打造集防洪、游览为一体的独特水利景观，成为融入黄河文化、体现生态智慧的重要载体（图6-1-3）。

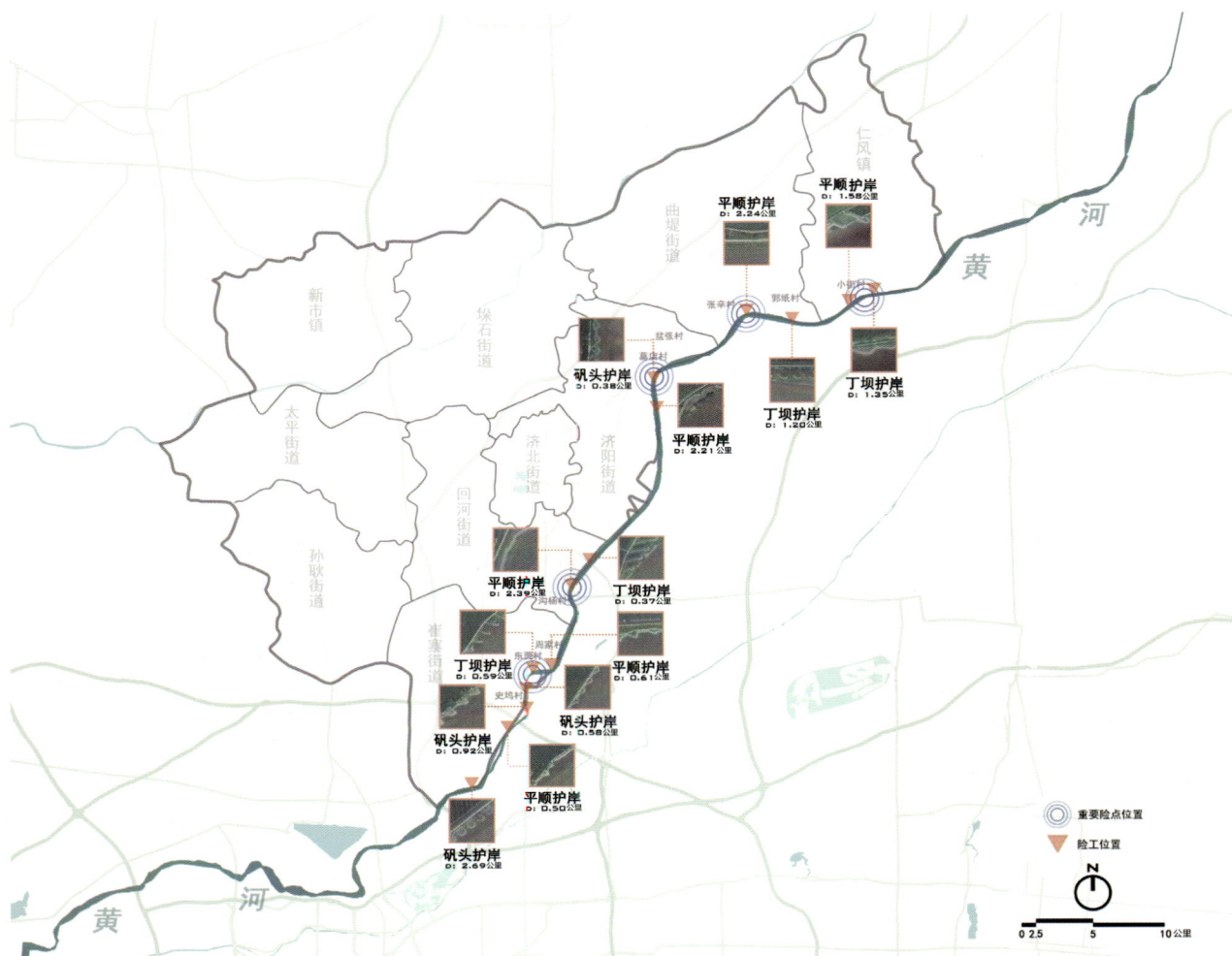

图6-1-1　济阳境内黄河险工分布图（来源：刘雨桐 绘）

平顺护岸　　　　　矾头护岸　　　　　丁坝护岸

图6-1-2　济阳境内黄河险工护岸类型图（来源：刘雨桐 绘）

图6-1-3 汛期的黄河济阳葛店段

第二节 壕沟寨墙

一、仁风四街村护城河

仁风北街村、西街村、南街村、东街村一起构成仁风古镇中心区域，古镇布局近乎方形，被十字路分成四街，四周环以清朝"护城河"，其历史结构清晰可见（图6-2-1）。

历史上护城河宽度约30～50米不等，深度5～6米，常年积水不断，环城一周供城内泄水和军事防护之用。河内可以养鱼、养藕、种植芦苇、放养鸭鹅、洗刷衣物，天旱时可以取水灌溉，夏季可以洗澡、游泳，冬季可以滑冰、戏耍，给居民带来诸多方便与乐趣。随着人口的增加和村庄的发展，西北段护城河因铺设道路、建造房屋而逐渐消失，

其余部分也因缺乏保护面临逐渐淤塞的境遇（图6-2-2～图6-2-4）。

图6-2-1 四街村护城河（来源：国家地理信息公共服务平台 天地图）

图6-2-2 四街村护城河航拍

二、曲堤北街村城墙

曲堤北街村与东、西、南三街合称曲堤街，四村域被一条南北向的郭潘路和两条东西向的主路划分为四部分，北街村因位于原老城北街段，故名北街村（图6-2-5）。古城墙位于北街村北端，自十字路口街心向北400米，继而向西150米处开始出现遗迹。城墙遗址应是故城外郭，为夯土墙，长约40米，由于常年缺乏保护，现在只有城墙西侧地基部分的青砖保存完好，一人高的杂草成了古城墙与村庄之间最后的屏障。与城墙同时建造，位于城墙北面与西面的护城河，后因黄河水灾蓄洪，现成为近千平方米的一片荷塘（图6-2-6、图6-2-7）。

图6-2-3　北街村护城河现状

图6-2-4　西街村护城河现状

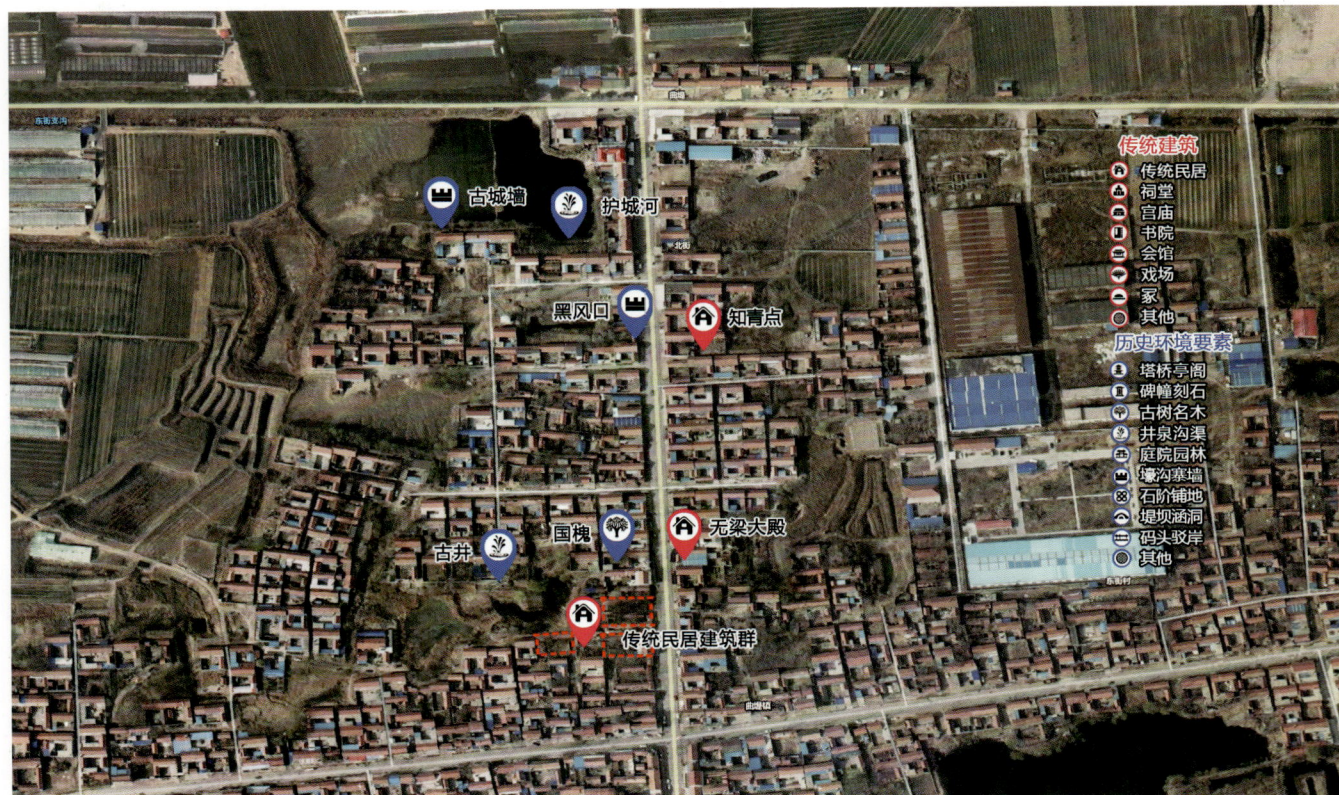

图6-2-5　北街村要素分布图

三、刘家村圩子墙

刘家村原隶属于曲堤街道，2017年6月划归济北街道代管，村域面积185亩。村庄现有路网延续了三横二纵的古村格局，对应古圩子墙各大门，环村池塘5个，为原壕沟遗址。受古圩子墙影响，村庄北部形状呈半圆形（图6-2-8）。

刘家村历史上曾经存在着环村而建的夯土围墙，当地人称作圩子墙，并在东、西、南、北各设一座寨门，寨门白天开放、夜晚关闭，各寨门由村民轮班值夜，后为通行方便，增加了小西北门。据刘家村83岁老人刘程孝介绍圩子墙是清末民国初期社会动荡时为防御散兵、土匪，保护村庄安全而建，同时兼具在水灾时抵御洪水的职能。圩子墙高约四米，宽三余米，就近挖土逐层夯实而成，同时在圩墙外形成一道壕沟（该壕沟称作圩子沟），进一步加强了其防御性。

圩子墙由村民自发组织修建而成，主要发起人为当时村内较为富裕的两位乡贤，此二人牵头出资，村民出工，利用农闲时节，完全依靠人力，用篮筐挑土、逐层夯实，历时多年完成。

随着社会发展，圩子墙逐渐在时代的变迁中湮灭，仅可在村周围发现几处遗址（图6-2-9、图6-2-10）。

图6-2-8　刘家村要素分布图

图6-2-6　城墙遗址北立面

图6-2-9　城墙遗址现状1

图6-2-7　护城河现状

图6-2-10　城墙遗址现状2

第三节　堤坝渡口

一、桥南王村水坝

桥南王村水坝位于仁风镇桥南王村北部，用于引蓄徒骇河水发展农业生产建于20世纪50年代。坝长约12米，宽约3米，距水面深约6米，由于一直维护，现仍发挥作用。

水坝中间与底部为钢筋混凝土结构，周边砌体结构起到一定的围护和承重作用。村民可通过旋转顶部的金属构件来控制水坝出水量，在干旱季节蓄水以浇灌农田，在洪涝季节排水以保护家园。其坚固性与实用性反映出建国初期水利工程的建造技术与选址技巧（图6-3-1、图6-3-2）。

图6-3-1　徒骇河水坝北部现状

图6-3-2　徒骇河水坝北侧

二、葛店码头

葛店码头位于济阳街道葛店村头，码头建于紧靠黄河大坝探出水面的一块平台上。葛店码头远近闻名，早年商业繁华，饭店、茶馆、杂货店等鳞次栉比，当时县粮食局的批粮点和煤建公司的批煤点就设在码头上。从外地运来的粮食和煤炭堆积在码头上，来往商人和批粮批煤的百姓都穿梭于此，葛店村的村民就以码头工作为业。当时停靠的船只大多是木帆船，冬季到来，黄河开始淌凌结冰时，大小木帆船就要上岸晾晒维修；木工、油漆工、机械工在此聚集，逐渐形成了一个小有规模的修造船厂。

随着黄河大桥的修建，陆上交通替代了水陆运输，码头逐渐冷清乃至荒废，现仅有遗址（图6-3-3、图6-3-4）。

图6-3-3　码头周边环境1

图6-3-4　码头周边环境2

三、桑渡村码头

老桑渡村原紧靠大清河，住有桑氏人家，有渡口一处，故取名为桑家渡。清朝康熙年间大清河决口，房屋被淹，部分人迁至老庄以北1.5公里处建起新村，取名新桑家渡。未搬者又分为东坝头、西坝头、老庄，后来，这3部分逐步向中间靠拢合为一体，定村名老桑家渡，简称老桑渡村，沿用至今。

桑渡村黄河码头位于仁风镇老桑渡村黄河大堤南坡东南约100米处，为清朝黄河码头遗迹。由于近代黄河夺大清河入海，河道整体往东南方向移动，该码头现已荒废，呈现一台形土堆，略高于现存农田约0.5米，被茂盛草木覆盖（图6-3-5、图6-3-6）。

图6-3-5　老桑渡村码头现状1

图6-3-6　老桑渡村码头现状2

四、小街村渡口

明朝永乐年间，仁风镇小街村先人由直隶枣强县迁至齐东县（今邹平县）许家店村落户（因村内有许姓村民偕妻子在黄河渡口开店，故名许家店）。清朝咸丰五年（1855年），黄河在河南铜瓦厢决口，夺大清河道入海，原有村落被毁，后迁至黄河北岸今址，沿一条街建村，故名新街村，后更名小街村，沿用至今。

小街村渡口位于村南黄河北岸，据村内老人介绍，该渡口清朝已有，为黄河河运之用，渡口周围原有建筑若干，今已湮灭，无存。解放军、支前民兵参加解放济南战役时曾在此渡河，现仅可见遗迹（图6-3-7、图6-3-8）。

图6-3-7　小街村渡口周边环境1

图6-3-8　小街村渡口周边环境2

五、梯子坝渡口

梯子坝渡口位于仁风镇时圈村南侧现黄河堤坝处，为清朝黄河渡口遗迹，迄今已有200多年历史，现该遗址地面建筑物已无存。据村民时云楼老先生（时年74岁）介绍，该渡口一直沿用到20世纪80年代，它见证了黄河河运的繁荣，是济阳境内已知为数不多的河运渡口遗迹之一，对于研究黄河中、下游地区的河运文化具有重要的历史、文化价值。解放战争时期，解放军在1948年解放济南时在此渡河，见证了那场著名战役，因此该遗迹对于研究山东乃至全国的解放战争史具有一定研究价值，对于济阳人民则有重要的革命历史价值（图6-3-9、图6-3-10）。

第四节　闸桥井涵

一、葛店引黄闸

黄河在济阳街道葛店村流向由北向东转了一个直角弯（图6-4-1、图6-4-2）。最初的葛店村坐落在黄河大堤内的黄河故道上，但那时的黄河十年九灾，洪水肆虐，严重威胁着村民生命和财产的安全。在政府的劝说和引导下，村民开始陆续向外搬迁，多数村民投亲靠友，都搬至周围村庄，最后因种种原因留下来的少数村民也从河道迁到了黄河大堤上，形成了今天的葛店村。

1966年在葛店村所在的黄河大坝上建设引黄闸，位

图6-3-9　梯子坝渡口现状1

图6-3-10　梯子坝渡口现状2

图6-4-1　葛店引黄闸
（来源：天地图）

于黄河左岸，1989年加以改建。引黄闸气势宏伟，呈多跨结构，包括闸门、控制室及水渠三部分。相应大堤桩号为181+627，设计防洪水位30.93米（黄河水位标高，下同），设计闸底板高程17.69米，设计引水位20.80米，设计流量15立方米每秒，设计灌溉面积22万亩。黄河的水通过闸渠被引到济阳境内滋养大地，对济阳农业生产产生了极大的推动作用，对黄河的安全也有了强有力的保障（图6-4-3～图6-4-6）。

以引黄闸为中心，黄河大堤沿迎水面从化仁店村至沟头村修筑了约2.5公里的黄河险工，每当洪水到来时险工段就把水流逼迫至河心，有效地防护了大堤和村居的安全，形成了独特的水利景观。

二、卢家村泄洪闸

仁风镇卢家村内现存两处20世纪五六十年代的泄洪闸。一处泄洪闸横跨于卢家村东侧芦兰河上，修建于1964年，青石水泥砌筑，顶部净宽约5m，通长约7米，是芦兰河上的重要桥闸，现仍在当地农业水利中发挥作用（图6-4-7、图6-4-8）。另一处临近徒骇河，修建于20世纪50年代，水泥青石底座，上部为青砖水泥砌筑，宽约6米，高3米，后由于实施徒骇河搬旧堤筑新堤和裁弯工程，卢家村庄被整体搬迁后，该泄洪闸弃用，目前残损严重（图6-4-9）。这两处水利设施反映出两河（徒骇河、黄河）流域劳动人民的精湛建造技艺，是当时劳动人民利用水源、改造自然的智慧象征，对于研究该时期农业水利设施具有一定的研究价值。与

图6-4-2　黄河直角转弯流向图

图6-4-3　引黄闸闸门

图6-4-4　引黄闸沉沙渠

图6-4-5　引黄闸控制室和沉砂池

图6-4-6　引黄闸相邻黄河险工

此同时，它们对于当地村民而言，是其劳动历史的见证，对于该村村民具有难以割舍的情感价值。

三、垛石桥

垛石桥坐落在今垛石街道政府驻地的徒骇河上，始建年代无考。据史料记载，至少明朝时期已有此桥，又名杜家水口桥。

图6-4-7　芦兰河泄洪闸现状

图6-4-8　芦兰河泄洪闸周边环境

图6-4-9　废弃的徒骇河泄洪闸

徒骇河在此宽50多米，垛石桥叠石做垛，续以土坝，成为沟通两岸的要塞。时该桥"为燕齐通衢，济青登莱冠之客，约车往来者，日无停晷"，章丘、长山（今邹平）一带麦米输往德州仓，率经此桥。明万历三十五年（1607年），徒骇河大水把桥冲毁，造成交通阻梗，县令侯加乘组织人力物力，主持重新修起了高1.2丈，宽1.9丈，共15孔、总长14丈的垛石西桥；清康熙五十一年（1712年）进行过一次重修；清雍正十二年（1734年）又增修了高1.4丈，宽1.6丈，10孔，总长16丈的垛石北桥，与西桥相距半里远。后北、西两桥多次毁于徒骇河大水，先后于乾隆十八年（1753年）、二十六年重新修建，"用工数万，费用千金"，确保了水流畅通，交通方便。今横跨徒骇河的大桥是县水利局1969年投资修建，已无"垛石"的成分，是济阳历史上第一座钢筋混凝土桥。在加强内外交通，振兴当地经济，促进县域发展方面继续发挥着重要作用。原垛石桥南头一对石狮子现存放在垛石街道大院内，北头的一对后置于济阳黄河河务局内（图6-4-10、图6-4-11）。

图6-4-10　垛石桥1965年照片

图6-4-11　垛石桥南部石狮

四、桥南王村桥

桥南王村位于仁风镇政府驻地北约6公里处。村域面积约2300亩，村庄占地面积约350亩，周围地势平坦，植被丰茂，农田环绕，属平原地区。据村民介绍，该村王、李、张、孙四姓先人于清嘉庆八年（1803年），自直隶枣强县迁此建村，因该村位于徒骇河贾桥以南，王姓居多，故取村名桥南王，沿用至今。

生产桥位于桥南王村西南部，建于1968年，原为三孔桥，青砖砌筑，桥宽约5米，桥下有桥南王沟渠流经，沟渠宽约10米，长约500米。此桥东段桥孔现已坍塌，仅剩两孔，已废弃（图6-4-12～图6-4-15）。

五、王家村古井

王家村位于仁风镇政府驻地东北约2公里处，北临国道220线，东与高家村接壤，南与甜水村搭界，西靠239省道，交通便利，村庄四通八达。据村民介绍，明朝永乐年间，王氏先人由直隶枣强县移民迁至惠民县老君堂落户；清朝康熙年间，祖人王绍峪又从老君堂迁此建村，以姓氏取村名王家村。村内保存有古井一处，约清末建造，井口为圆形，片石砌筑，直径约1米，现今保存完好。古井是村庄悠久历史的见证，其完好的井壁结构也反映了清朝匠人的高超技艺（图6-4-16）。

图6-4-14　桥面现状

图6-4-12　桥南王桥北侧

图6-4-15　桥周边环境现状

图6-4-13　桥南王桥南侧

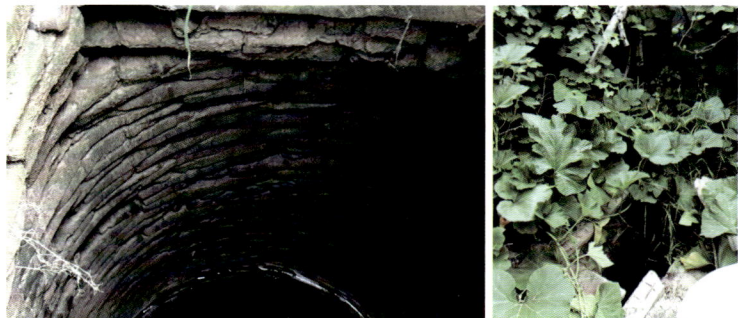
图6-4-16　王家村古井现状

村东北方向农田内保存排灌闸一处，闸墩为青石砌筑，上题记为1972年建造。闸上可通行，表面为钢筋混凝土构造，现今局部已破损（图6-4-17～图6-4-19）。

六、李善仁村古井

崔寨街道李善仁村现存两口古井，一口位于村子东西向主街道旁，另一口位于村子西边农田中，两口井均有100余年历史。

街道旁的古井保存较好，仍能供村民使用。古井周边铺四块石板，石板高出地面些许，防止雨季时周边泥土随雨水流入水井，同时村民取水时可当作取水平台。水井内部石块砌筑，建造肌理清晰可见，由于时间久远，已生长苔藓，井内水质清澈，水位较高。农田中的古井已荒废，井口堆满杂草枯枝，但仍能找寻出其位置（图6-4-20）。

图6-4-17 排灌闸细部

图6-4-18 排灌闸通行面

图6-4-20 街道旁古井现状

图6-4-19 排灌闸全貌

七、垛石桥村涵洞

在垛石街道垛石桥村的东西两端各有一处涵洞，两处涵洞均位于徒骇河上，于1965年修建，用于排水，无具体名字，至今仍在使用（图6-4-21、图6-4-22）。

涵洞现状保存良好，其洞口宽大，人可站立宽松进出，洞内寂静阴凉，洞顶生态植被茂盛。涵洞以毛石作为主体结构，顶部采用混凝土板发券，建造纹理清晰可见。由于处于自然维护状态，长时间以来，坡上断枝残叶受自身重量及雨水影响沿斜坡往下运移，在坡脚处形成堆积物，对其正常排水产生一定的影响。

八、孙家涵洞

孙家涵洞位于垛石街道孙家村东北角，据村民回忆建于建国初期，至今仍在使用。该涵洞为东西走向，通向东侧垛石河。长约30米，宽5米，内径2米，侧壁用长条青砖建成，顶盖为拱形混凝土浇筑，洞口拱券门心部位有凸起浮雕式五角星和"孙家涵洞"字样。涵洞口紧邻两侧为毛石挡土墙，杂草丛生，因缺乏有效维护，局部已有坍塌。孙家涵洞具有浓厚的中华人民共和国成立初期水利设施风貌特色，对于当时建造技术和水利工程具有一定的研究价值（图6-4-23、图6-4-24）。

图6-4-21　涵洞外部现状

图6-4-23　涵洞北侧现状

图6-4-22　涵洞内部现状

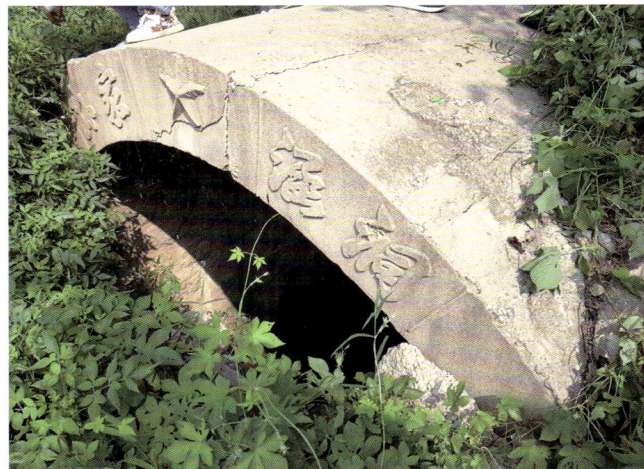

图6-4-24　涵洞南侧现状

第七章　碑幢刻石

济阳地区主要现存家谱碑、坟茔碑、功德碑、旌表碑等碑刻类型，作为一种以石为载体的特殊文献形式，是反映该地政治、经济、文化发展的珍贵实物依据。根据田野调查获取的大量影像、采访资料等，可知目前济阳留存基本完好的碑刻多数立于明清时期。

通过所刻碑文可以窥见济阳当时的社会关系、家族世系和是非功过评判标准。很多村落成于各方移民在此聚居繁衍，而后历代名人辈出，后人为缅怀先祖、追根溯源、厘清世系故树碑立传，并保佑家族瓜瓞连绵、世代昌盛。旌表碑也显示出济阳社会济世安民，地方官员治理有绩，社会风气纯化、民风善良淳厚。

"礼失求诸野"，这些篆刻于石的"乡土文本"，从雕刻技艺到其所记录的生活礼法，都来源于民间社会，是普通民众对于当时社会情况的真实叙述，往往是官方史书和古籍的有力补充，可以"补史之阙，正史之谬"。因此发掘和保护这些不可再生的历史文化资源，发挥其所蕴含的教育引导价值，对于建设乡风文明、推动文化振兴有积极的现实意义。

第一节 家谱碑

一、孙大村孙氏家谱碑

　　崔寨街道孙大村现存一处清朝孙氏家谱碑。据《历城县志·孙氏列传》记载，孙大村孙姓村民的始祖原居直隶枣强县大槐树庄，于明代成化年间迁徙定居。孙氏家族名人辈出，最著名的是清朝康熙年间陕西布政使司左布政使孙建宗。孙氏家祠的正屋屋门两侧有两块碑刻，于20世纪70年代前后被破坏，大部分碑文字迹已经无法识别，但仍可辨别部分字迹、雕花、回字纹等遗迹（图7-1-1、图7-1-2）。

二、许家村许氏家谱碑

　　仁风镇许家村现存两处许氏家谱碑，据许氏家谱记载："明朝初年，许氏先人自直隶枣强县迁此建村，取名'许家

庄'"。一处刻于清乾隆二十八年（1763年），另一处为民国10年（1921年），现两处碑刻并排保存于村内山楂园内。碑刻字迹清晰，整体保存良好（图7-1-3～图7-1-6）。

三、吕家村齐氏家谱碑

　　吕家村齐氏家谱碑立于清光绪六年（1880年），位于曲堤街道吕家村东北角。明洪武四年（1371年），吕氏先人从河北省枣强县迁来此地，以姓取名吕家村，后又有齐、何、王、张、刘等姓氏陆续迁来，现该村中以齐姓村民为主。为保护谱碑，村民修建了一座四角亭（图7-1-7），现谱碑保存于该亭中。此碑体长1.63米，宽0.26米，高1.11米，整体保存较为完好，虽略有几处缺损，但刻字仍清晰可辨，碑正面刻有齐氏一族历史变迁，背面刻有齐氏祖谱（图7-1-8、图7-1-9）。同时，齐氏家族还有布料与纸质记载的族谱（图7-1-10、图7-1-11）。

图7-1-1　孙氏家祠东侧碑刻

图7-1-2　孙氏家祠碑刻上回字纹

图7-1-5　《许氏家乘》卷一

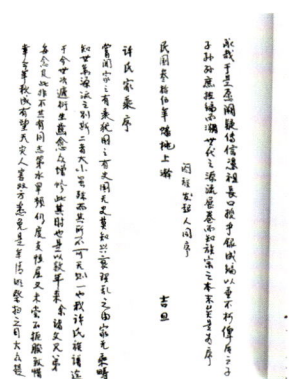

图7-1-6　《许氏家乘》序

图7-1-3　乾隆二十八年许氏家谱碑

图7-1-4　民国10年许氏家谱碑

图7-1-7　齐氏家谱碑及碑亭

图7-1-8　齐氏家谱碑北立面

图7-1-9　齐氏家谱碑南立面

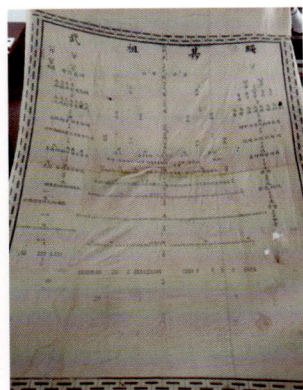

图7-1-10　齐氏谱系图

图7-1-11　齐氏家谱

图7-2-1　刘家台村始祖墓全景

第二节　坟茔碑

一、刘家台村始祖墓碑

　　垛石街道刘家台村始建于明朝洪武年间，据该村刘氏宗谱记载"余刘氏者乃河北省枣强巷子街人，于洪武二年迁居济阳南面田家村，于五世移至该村。"村名原为赵家家，后因赵氏渐绝，刘氏兴旺，便改名刘家台村。

　　刘家台村始祖墓由一处坟丘和三块墓碑组成，其中主碑修建于光绪十年（1894年）六月，碑高1.5米，宽0.62米，系刘台村始祖的墓碑。其他两个祭奠碑和碑亭修建于2012年，碑上刻有刘氏族谱，并刻有"因年代久远，世事变迁，祖茔难觅，立碑以慰先祖，启后代之孝念"字样（图7-2-1～图7-2-3）。

图7-2-2　刘家台村始祖墓碑

图7-2-3　刘家台村始祖祭奠碑

二、艾老村艾尚书墓碑

　　艾尚书墓碑位于孙耿街道艾老村西艾尚书陵园内，现仅残留有一尊赑屃，其上的碑刻已不见踪迹，另剩一只石羊存于村委会院内（图7-2-4、图7-2-5）。艾尚书名为艾元徵，为艾家第十代后人，清顺治三年（1646年）考中进士，历任翰林院学士、户部侍郎、左都御史、刑部尚书等职，康熙十五年（1676年），病逝于任上，享年五十三岁。艾尚书得到康熙皇帝的高度赞誉，为其在家乡修筑陵园、谕祭碑文。

艾尚书陵园坐东朝西，占地70余亩。牌坊气势庄严肃穆，正面书"大司寇艾公之墓"（图7-2-6），背面书康熙皇帝赞语"鞠躬尽瘁"（图7-2-7）。陵园东、西两侧各有一幢清朝留下的石碑，为艾氏先人的墓碑，碑高1.2米，长0.6米，宽0.25米，字迹模糊，难以辨认（图7-2-8）。2016年7月，艾氏家族将艾尚书墓重新修缮，现已全无旧貌，修整一新。

图7-2-4 艾元徵墓石羊

图7-2-5 艾元徵墓赑屃

图7-2-6 艾元徵墓全景

图7-2-7 牌坊背面

图7-2-8 艾氏先人墓碑

第三节　功德碑

一、刘营村清真寺功德碑

该碑群立于垛石街道刘营村清真寺北讲堂门口，修筑于光绪三十四年间，共三块石碑，均是对捐钱信徒的表彰，字迹清晰，保存完好。第一块石碑是青石质，碑名为"永垂不朽"，碑文是捐钱修缮清真寺信徒的名单，高1.31米，宽0.62米（图7-3-1）。第二块石碑和第三块石碑是花岗石制，高均为1.56米，宽均为0.7米，碑名均是"刘营村修建清真寺捐款碑记"（图7-3-2、图7-3-3）。从碑的形式和内容可以看出汉回文化融合的特征。

二、东街村雕龙碑

传说赑屃上古时代常驮着三山五岳，在江河湖海里兴风作浪。后于大禹治水时被收服，在大禹的指挥下，推山挖沟，疏通河道，为治水作出重要贡献。洪水被治理后，大禹担心其四处作乱，搬来顶天立地的石碑置于其上，碑上刻有赑屃治水的功绩，沉重的石碑压得它不能随便行走。

仁风镇东街村东大街北20～30米处现存一处碑刻，此碑由一头赑屃驮着碑身，碑上刻有龙环绕帽顶，村民称其为"雕龙碑"。碑高度2.5米左右，宽度0.5米左右，厚度有30～40厘米；赑屃约有6平方米，背中间有凹槽，颈部右侧弯曲，欲往前移动。2010年村干部宋汉华在修建庭院大门时，挖掘出赑屃，现存于院中，其头部、颈部、背部及足部雕刻纹路清晰、手法娴熟。唐宋以前，赑屃的形状是龟头龟身，唐宋之后尤其是明朝以后，赑屃龙化，为龙头龟身。从此赑屃龟头龟身的形状及颈部鳞状的纹路可以推断出为明朝以前雕刻。赑屃背部石碑刻有"吉祥如意，政通人和"八个简体字，证明此碑为现代所刻。虽然赑屃与碑刻所处年代不同，但均体现出当地人民在不同时期对黄河水患的祈福，对幸福生活的向往（图7-3-4～图7-3-7）。

三、东郭村黄氏旌表碑

东郭村黄氏旌表碑刻出土于济阳街道东郭村黄老奶奶（县志记载黄老奶奶是嘉靖皇帝册封的诰命夫人）（图7-3-8）坟中，现存于一村民院内。上落款"嘉靖十二年岁次丁未壬五月越初十年卯日立"，碑题头大字书刻"明故诰封奉政大夫"碑文字迹较为清晰，右侧部分磨损较严重，未有拓片。碑文记载"黄氏，生员郭镛妻，进士𬍡女，中丞臣姊也。夫卒，氏年十九，先举一子名时叙，后遗腹举一子名时秩，苦节六十年具奏旌表以于时叙官泰议诰封太宜人寿八十又二"，是对于当时官员母亲含辛茹苦抚养孩子美德的赞扬。此碑刻字迹清晰，保存较完整，具有重要的研究价值（图7-3-9）。

图7-3-1　清真寺石碑1

图7-3-2　清真寺石碑2

图7-3-3　清真寺石碑3

图7-3-4　雕龙碑正面

图7-3-5　雕龙碑侧面

图7-3-6　赑屃正面

图7-3-7　赑屃侧面

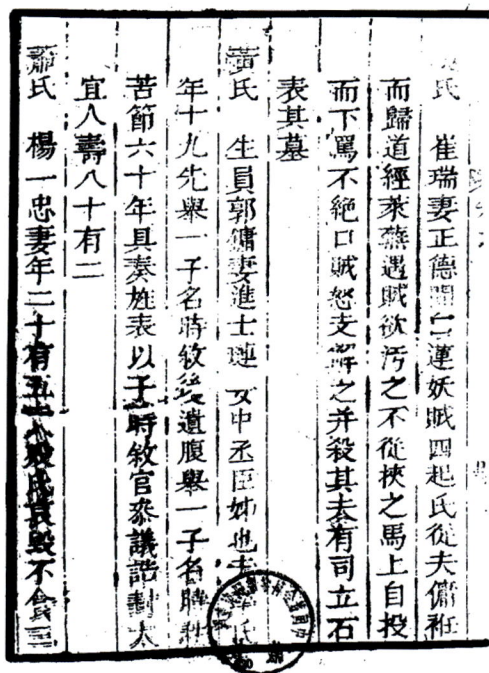

图7-3-8　碑文县志记载

图7-3-9　黄氏旌表碑残留

四、杨家村旌表碑

杨家村位于孙耿办事处驻地西侧。东靠104国道，西至丁家，南起冯家，北至东郎，村域面积约2900亩，村庄占地面积约300亩，周围地势平坦，植被丰茂，农田环绕，属平原地区。据村民介绍，元末明初年间，杨氏家族从本县小营村迁此建村，以姓氏命名杨家村。

杨家村旌表碑位于村落西侧居民建筑围合的空地内，由碑刻和坟墓两部分组成，碑刻高度大约2米，坟墓高度大约1.4米。碑刻整体雕刻有精美的花纹，正立面有"二龙戏珠"的精美石雕，同时刻着"孝思维则"四个大字，四字出于《诗·大雅·下武》："永言孝思，孝思维则"，句子大意是：人永远都要讲孝亲敬老，孝顺乃是人生准则。下方石刻则镌刻有处士杨公的墓志铭。碑刻背面刻有两只仙鹤，其上用回族语言书写着古兰经。碑刻目前整体保存完好，只有文字受风雨侵蚀有些模糊（图7-3-10～图7-3-13）。

图7-3-10 杨家村碑刻现状

图7-3-11 碑刻底部纹样

图7-3-12 碑刻正面汉字

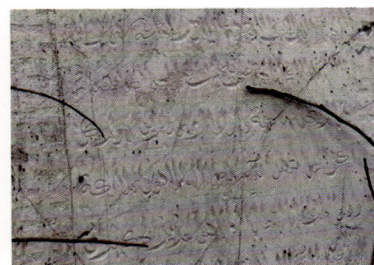

图7-3-13 碑刻背面回文

第八章　古树名木

古树名木，既是参天风景，可以遮风挡雨、纳凉造景，又是记录一方乡土的"时空坐标"。一棵古树，或固守着历史遗迹，或记载着逸闻掌故，或联系着先贤明达，跨越悠远的历史长河，见证自然变迁、村落演替和世事沧桑，承载着古老的乡土文化和现代人乡愁情思。济阳民间素有植树造林的乡俗民约，十个镇街百年以上的古树主要有槐树、榆树、旱柳等乡村常见树种，其中以耐盐碱的槐树数量最多，也有杜梨、侧柏、柘树等个别树种生长（表8-0-1）。这些树木大都分布在村民家房前屋后，少数分布在村落公共空间，整体长势较好，个别因年代久远而树势衰弱的需进行重点保护。

各镇／街道百年以上古树名木汇总表　　　　　表 8-0-1

序号	镇／街道	树种数	棵数	树种										
				槐树	榆树	旱柳	毛白杨	枣树	臭椿	千头椿	山皂荚	杜梨	侧柏	柘树
1	济阳街道	2	3	2		1								
2	济北街道	1	2	2										
3	崔寨街道	4	8	5	1				1			1		
4	孙耿街道	7	32	23	1	1	1	4	1			1		
5	回河街道	1	2	2										
6	太平街道	3	17	15	1									1
7	垛石街道	5	19	14	2			1			1	1		
8	曲堤街道	3	14	11				1				2		
9	仁风镇	5	10	5	2	1		1					1	
10	新市镇	4	24	20		1				1		2		

第一节　古树名木种类及主要特征

济北、济阳街道古树以槐树为主。在济阳老城所在的济北街道城里居社区居民家中有一棵唐槐，县志记载所在位置为唐代的文庙，已有1400余年历史，在济南市古树名木档案中被列为济阳第一号。原老树因遭雷击已死，又发出的新株也已百年。此外还有多株百年以上槐树，植于民居院落中或村中公共空间，成为村民世代记忆及村中重要的景观节点（图8-1-1~图8-1-3）。

崔寨街道的古树共有4种，其中5棵槐树、1棵榆树、1棵枣树、1棵杜梨。槐树树龄均在百年以上，整体长势良好（图8-1-4~图8-1-6）。

孙耿街道古树种类及数量最多，共有7种古树类型，其中包括23棵槐树、1棵榆树、1棵旱柳、1棵毛白杨、4棵枣树、1棵臭椿及1棵杜梨。除大多分布在村民家中，村中公共空间及村外农田中也有较多生长，整体态势良好（图8-1-7~图8-1-12）。

回河、太平街道古树以槐树为主，其中回河街道现存2棵百年以上槐树，太平街道包括15棵槐树、1棵榆树和1棵柘树，多位于村民家中及村中公共空间，成为村民聚集、纳凉、举办活动的重要场所（图8-1-13~图8-1-15）。长于野外的榆树、槐树长势较为一般，虽无病虫害，但因树龄较大导致树势衰弱。

图8-1-1　老城千年唐槐

图8-1-2　洪楼村槐树

图8-1-3　朝阳村旱柳

图8-1-4　李善仁村槐树

图8-1-5　娄家村枣树

图8-1-6　娄家村枣树

图8-1-7　堤口村百年槐树

图8-1-8　罗家屯村槐树

图8-1-9　西肖村槐树

图8-1-10　高家村百年旱柳

图8-1-11　西肖村槐树

图8-1-12　堤口村百年枣树

图8-1-13　老肖家村槐树

图8-1-14　西太平村百年槐树

图8-1-15　路家桥村百年槐树

垛石街道共有5种类型的古树，包括14棵槐树、2棵榆树、1棵山皂荚、1棵杜梨及1棵枣树。其中垛石桥村的中心位置有一株1300年树龄的槐树，2002年夏天被大风刮倒后又冒出新芽重焕生机。位于村民家中的古树长势较好，而野外生长的由于缺乏修剪养护，部分出现枯枝、长势衰弱等状态（图8-1-16~图8-1-20）。

曲堤街道共有3种类型的古树，包括11棵槐树、1棵枣树、2棵杜梨。除树龄500年以上部分古树已挂牌予以特殊保护，其余大多分布在村民家中或村中路旁，生长条件有限，缺少合理养护，出现偏冠、分支点过低等诸多不良表现，但整体长势较好，成为庭院纳凉和村中公共空间节点标志（图8-1-21~图8-1-23）。

图8-1-16 颜家村槐树

图8-1-17 刘安然村槐树

图8-1-18 小开河村槐树

图8-1-19 洼子街村槐树

图8-1-20 后肖村枣树

仁风镇共有5种类型古树，以古槐为村中古树名木的主要构成，多分布于村民家中，长势较好。共有5棵槐树、2棵榆树、1棵旱柳、1棵侧柏和1棵枣树。此处特有的数百年古柏、古旱柳是区别于其他镇的典型古树类型，生长于村中荒废民居及村外公共空间，长势良好（图8-1-24~图8-1-26）。

新市镇共有4种类型的古树，其中20棵槐树、2棵杜梨、1棵旱柳、1棵千头椿。多分布于村民家庭院或村中公共空间，枝粗叶茂长势良好（图8-1-27~图8-1-33）。

图8-1-21 冯家村槐树

图8-1-22 西街村900年槐树

图8-1-23 潘家村枣树

图8-1-24 新桑渡村槐树

图8-1-25 楞子陈村600年侧柏

图8-1-26 姚家村枣树

图8-1-27 南霍村旱柳

图8-1-28 新市村200年槐树

图8-1-29 李家坊村600年槐树

图8-1-30 盛家村百年千头椿

图8-1-31 皂李村百年槐树

图8-1-32 皂李村百年槐树

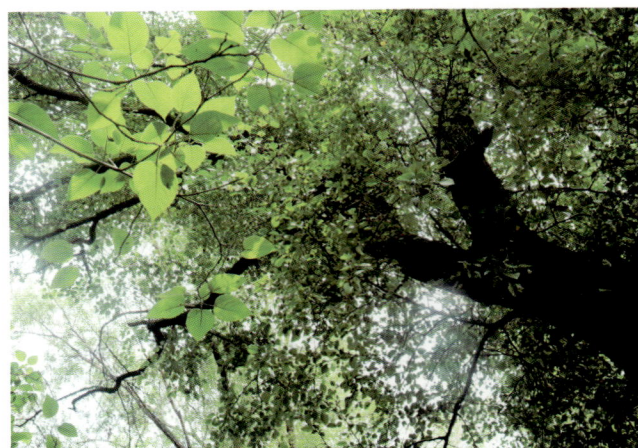

图8-1-33 皂李村杜梨

第二节　古树名木分布及主要特征

从调研绘制的古树名木分布图（图8-2-1~图8-2-8）及表8-2-1可以看出，各镇街古树名木分布情况较为均匀，树种以槐树为主。崔寨街道古树主要分布在李善仁村、娄家村、青宁村等；孙耿街道古树主要分布在戴官屯村、堤口村、高槐村、后张村、罗家屯村等；太平街道古树主要分布在胡家村、老肖家村、西坡村、西太平村等；垛石街道古树主要分布在冯家村、刘安冉村、王山村、西屯村、北新村、刘营村等；曲堤街道古树主要分布在张聂村、冯家村、沙里村、西魏村、北街村、西街村、西魏村等；仁风镇古树主要分布在流沙村、宋家村、南霍村等；新市镇古树主要分布在李家坊村、小杨家村、冯家村、王家村等。大多数保留下来的古树位于村民宅院和村中公共空间，以槐树和枣树为主；在村子田间地头或外围荒地里，分布有榆树、枣树、旱柳、毛白杨等古树。大部分三百年以上的古树已由济南市园林部门统一挂牌登记保护，但仍有较多有价值的古树未被发现和保护登记。

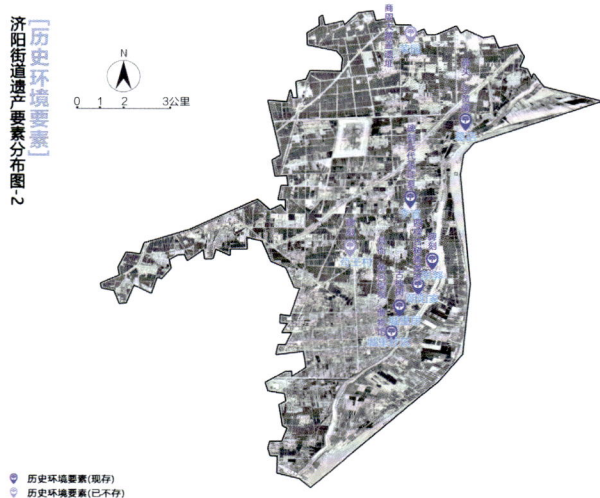

图8-2-1　济阳街道古树名木分布

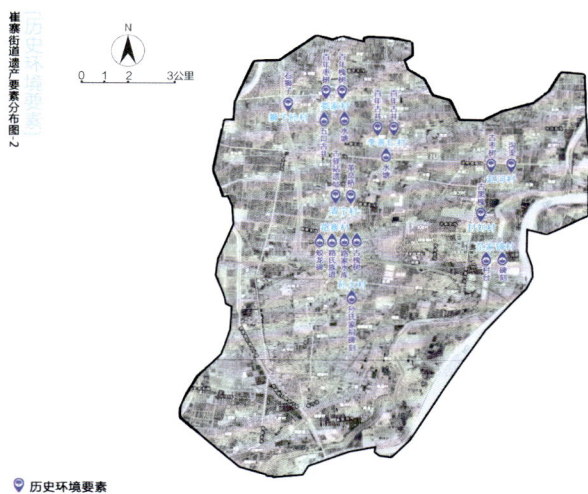

图8-2-2　崔寨街道古树名木分布

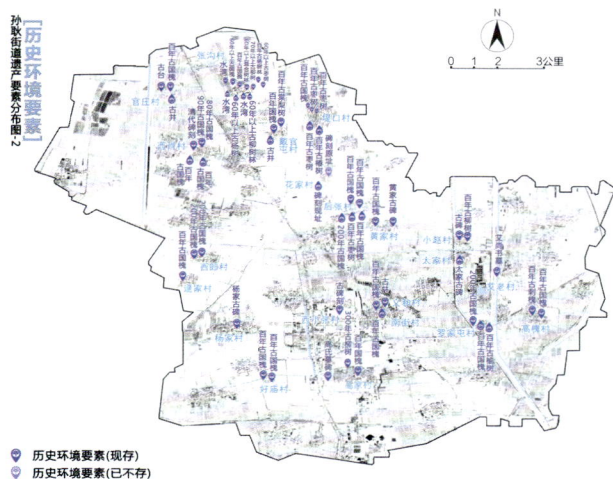

图8-2-3　孙耿街道古树名木分布

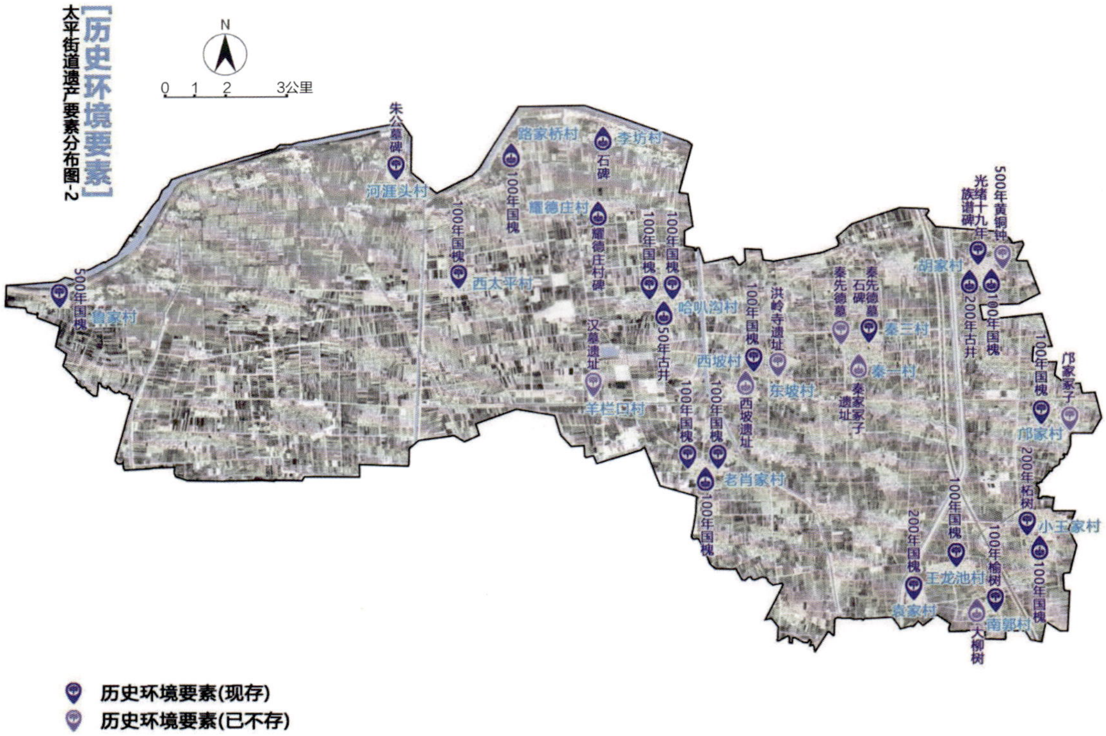

【历史环境要素】
太平街道遗产要素分布图-2

N
0 1 2 3公里

朱公墓碑
路家桥村
李坊村
石碑
河涯头村
100年国槐
重德庄村
500年黄铜地
光绪十九年族谱碑
100年国槐
100年国槐
胡家村
200年国槐
西太平村
重德庄村碑
秦先德墓
秦先德墓
石碑
100年古井
100年国槐
洪岭寺遗址
100年国槐
汉墓遗址
50年古井
西坡村
秦三村
秦二村
500年国槐
李家村
哈叭沟村
东坡村
秦家宅子
200年古井
100年国槐
西坡遗址
秦家宅子遗址
100年国槐
100年国槐
邝家宅子
邝家村
200年国槐
羊栏国村
老肖家村
200年柳树
200年国槐
100年榆树
小王家村
100年国槐
王龙池村村
南郭村
200年国槐
黄家村
大柳树

🔵 历史环境要素(现存)
🔵 历史环境要素(已不存)

图8-2-4　太平街道古树名木分布

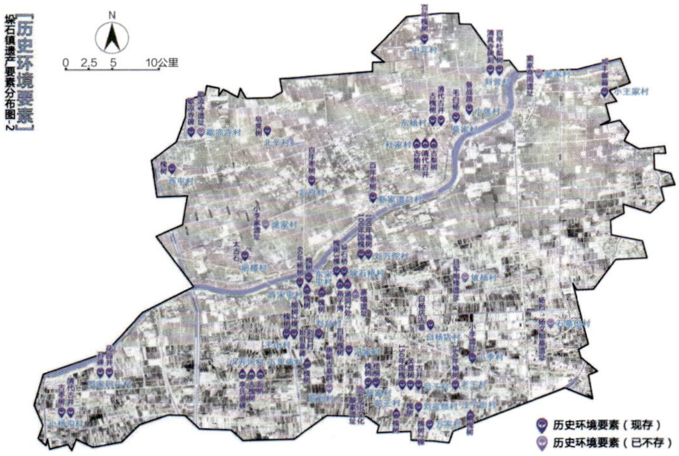

【历史环境要素】
垛石镇遗产要素分布图-2

N
0 2.5 5 10公里

🔵 历史环境要素（现存）
🔵 历史环境要素(已不存)

图8-2-5　垛石街道古树名木分布图

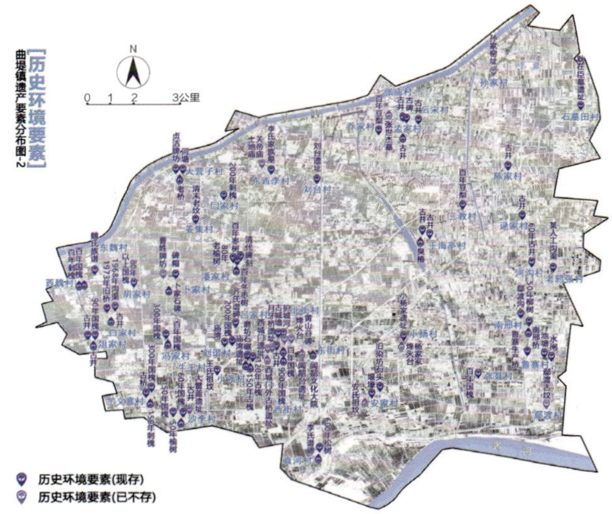

【历史环境要素】
曲堤镇遗产要素分布图-2

N
0 1 2 3公里

🔵 历史环境要素(现存)
🔵 历史环境要素(已不存)

图8-2-6　曲堤街道古树名木分布

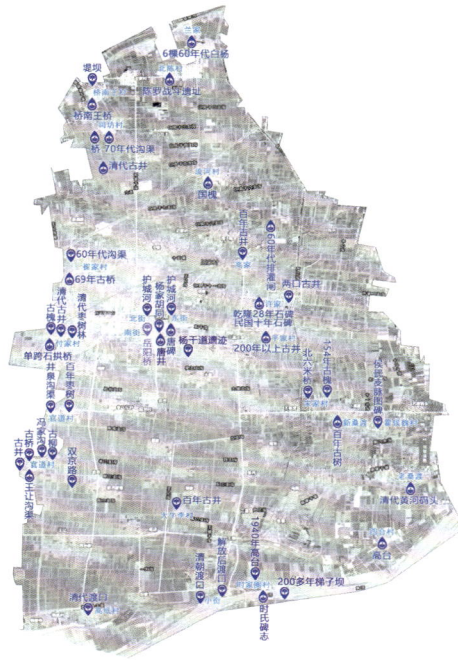

图8-2-7 仁风镇古树名木分布

🔵 历史环境要素(现存)
🔵 历史环境要素(已不存)

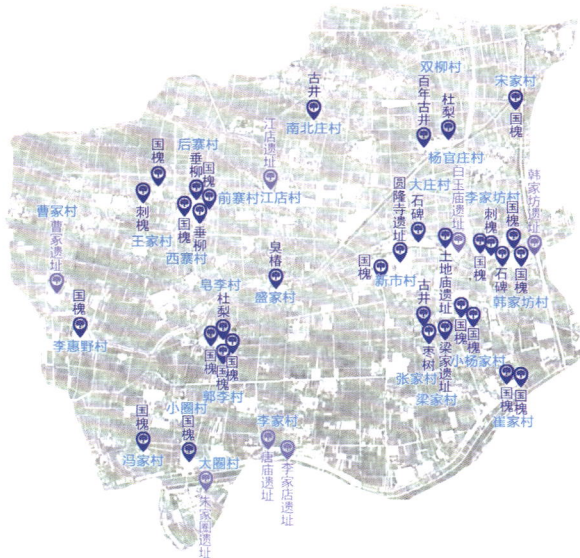

🔵 历史环境要素（现存）
🔵 历史环境要素（已不存）

图8-2-8 新市镇古树名木分布

各镇／街道百年以上古树名木信息汇总表　　　　表 8-2-1

镇、街道	树种	数量（棵）	位置	树龄（年）	树木规格（平均）			长势
					胸径（厘米）	树高（米）	冠幅（米）	
济阳街道	槐树	2	城里社区	1400	50	16	10	部分已停止生长
			朝阳村	200	50	14	18	良好
	旱柳	1	朝阳村	100	70	25	20	良好
济北街道	槐树	2	洪楼村	100	50	12	10	良好
			赵家村	180	120	6	6	良好
崔寨街道	槐树	5	清宁村	500	68	10	10	良好
			李善仁村	100	40	14	8	良好
			李善仁村	100	40	12	7	良好
			娄家村	100	45	12	10	良好
			狮子孙村	100	40	11	7	良好
	榆树	1	清宁村	200	60	15	13	良好
	枣树	1	清宁村	200	35	8	7	良好
	杜梨	1	清宁村	200	53	13	6	良好
孙耿街道	槐树	23	戴官屯村	100	50	12	7	良好
			堤口村	100	50	12	8	良好
			高槐村	100	59	12	10	良好
			好庙村	100	45	8	8	一般
			好庙村	100	45	10	10	良好
			后张村	140	42	15	9	良好
			后张村	100	57	12	7	良好
			后张村	200	45	11	10	良好
			后张村	100	55	15	10	良好
			黄家村	100	70	8	15	良好
			逯家村	100	48	6	5	良好
			罗家屯村	100	45	10	9	良好
			罗家屯村	200	47	12	11	良好
			南街村	100	43	14	10	良好
			南街村	100	43	12	9	良好
			西郎村	200	50	12	15	良好
			西郎村	200	80	10	9	良好
			西肖村	100	45	6	6	良好
			西肖村	100	48	7	7	良好
			高家村	100	50	8	10	良好
			辛集村	100	60	7	10	良好
			张沟村	100	45	10	6	良好
			张沟村	100	50	7	10	良好

镇、街道	树种	数量（棵）	位置	树龄（年）	树木规格（平均）			长势
					胸径（厘米）	树高（米）	冠幅（米）	
孙耿街道	榆树	1	罗家村	100	40	14	10	良好
	旱柳	1	高家村	100	80	10	20	良好
	毛白杨	1	张沟村	100	80	12	7	良好
	枣树	4	堤口村	100	35	8	7	良好
			堤口村	100	35	12	10	长势不良
			堤口村	100	35	12	6	良好
			后张村	140	32	11	9	良好
	臭椿	1	堤口村	100	60	12	8	良好
	杜梨	1	戴官屯村	100	45	10	9	良好
回河街道	槐树	2	淮里庄村	100	50	9	10	良好
			淮里庄村	100	55	11	12	良好
太平街道	槐树	15	鲁家村	500	57	11	11	良好
			哈叭沟村	100	46	10	10	良好
			二太平村	150	45	10	10	良好
			哈叭沟村	100	53	11	10	良好
			胡家村	100	54	9	8	良好
			邝家村	100	40	10	10	良好
			老肖家村	100	52	11	10	良好
			老肖家村	100	46	10	9	良好
			老肖家村	100	49	10	10	良好
			路家桥村	100	62	12	8	一般
			王龙池村	100	45	12	11	良好
			西坡村	150	45	9	7	一般
			西太平村	100	52	10	8	良好
			小王家村	100	53	11	11	良好
			袁家村	200	50	10	10	良好
	榆树	1	南郭村	100	51	10	12	良好
	柘树	1	小王家村	200	23	2	2	一般
垛石街道	槐树	14	垛石桥村	1300	/	/	/	2002年毁于暴雨，后又冒出新芽
			垛石桥村	100	40	12	14	良好
			冯家村	100	40	12	9	长势不良

续表

镇、街道	树种	数量（棵）	位置	树龄（年）	树木规格（平均）			长势
					胸径（厘米）	树高（米）	冠幅（米）	
垛石街道	槐树	14	后王村	150	50	15	9	良好
			刘安然村	160	60	12	10	长势不良
			刘万陀村	100	60	12	18	长势不良
			洼子街村	150	70	15	17	良好
			王山村	130	45	12	15	良好
			西宋屯村	100	60	9	8	长势不良
			颜家村	100	40	10	16	良好
			东杨村	100	40	12	7	良好
			东杨村	100	40	12	8	良好
			中瓦村	200	50	12	10	良好
			小开河村	100	70	16	20	良好
	榆树	2	老王村	160	80	14	11	良好
			刘万陀村	100	60	12	15	良好
	杜梨	1	刘营村	100	40	10	16	良好
	山皂荚	1	北辛村	200	70	12	17	良好
	枣树	1	后肖村	200	20	8	3	良好
曲堤街道	槐树	11	西街村	900	50	6	13	一般
			闫家村	200	50	10	13	良好
			张聂村	100	45	12	10	良好
			冯家村	100	45	12	11	良好
			冯家村	300	57	14	11	良好
			沙里村	150	40	10	14	良好
			王义寨村	300	55	10	14	一般
			西魏村	100	48	15	14	良好
			北街村	100	63	12	12	良好
			小张村	100	40	12	5	良好
			小张村	200	40	10	9	良好
	枣树	1	潘家村	100	34	8	1	良好
	杜梨	2	乔家村	100	50	10	10	良好
			三教村	100	60	11	10	良好

续表

镇、街道	树种	数量（棵）	位置	树龄（年）	树木规格（平均）			长势
					胸径（厘米）	树高（米）	冠幅（米）	
仁风镇	槐树	5	付家村	100	40	10	6	良好
			流河村	200	40	6	8	良好
			宋家村	150	40	9	7	良好
			新桑渡村	100	60	10	7	良好
			李八家村	140	51	9	8	良好
	榆树	2	南霍村	150	60	15	15	良好
			韩纸村	100	70	15	11	良好
	旱柳	1	南霍村	150	60	20	20	良好
	枣树	1	官道村	100	25	12	3	良好
	侧柏	1	楞子陈村	300	20	12	7	良好
新市镇	槐树	20	李家坊村	600	70	10	8	良好
			新市村	200	50	8	9	一般
			韩坊村	200	40	8	9	良好
			韩坊村	200	50	10	8	良好
			郭李村	300	60	10	10	良好
			崔家村	100	40	5	5	良好
			小杨家村	100	40	8	12	良好
			小杨家村	100	45	8	10	良好
			王家村	100	40	8	12	良好
			冯家村	100	40	8	11	良好
			小圈村	150	42	7	8	良好
			小圈村	150	50	8	8	良好
			小圈村	150	60	7	8	良好
			小圈村	200	60	7	8	良好
			小圈村	200	70	8	15	良好
			小圈村	200	55	9	12	良好
			小圈村	150	48	7	7	良好
			小圈村	100	65	8	11	良好
			皂李村	200	50	8	8	良好
			皂李村	300	90	8	10	良好
	杜梨	2	皂李村	100	50	13	14	良好
			双柳村	100	45	8	9	良好
	旱柳	1	前寨村	100	65	20	15	良好
	千头椿	1	盛家村	100	50	14	12	良好

* 树龄及部分树木详细资料来源于调查走访过程中村民口述

第三节 古树名木保护措施

一、古树名木管理

亟需完善古树名木保护档案。通过全面系统地摸清古树资源分布和生长情况，对确认的古树名木设置保护标志、划定保护范围并制定相应的保护措施，对古树的生存环境、生长状况和保护情况进行动态监测与管理。目前，济阳已纳入济南市古树名木保护体系，进行挂牌管理与登记，但对古树名木的具体信息记录不详实，缺少年限、科、属、种名等信息（图8-3-1~图8-3-4）。

图8-3-1 孙耿街道高槐村古槐保护现状

图8-3-2 垛石街道垛石村唐槐保护现状

图8-3-3　垛石街道刘安然村古槐保护现状

图8-3-4　新市镇李坊村古槐保护现状

应设立专项资金，加强古树管理保护。古树名木的保护需要投入足够的人力和经费进行日常管理。目前，济阳各镇街对于古树名木保护的资金支持不足，缺乏合理修剪及管理养护，导致部分古树生长环境与长势较差（图8-3-5～

图8-3-11）。

加大宣教力度。发放宣传材料，提高保护意识，进一步让村民们了解古树名木的科学价值与文化价值，调动全社会力量参与古树名木的保护工作。

图8-3-5 孙耿街道堤口村枣树枯枝

图8-3-6 孙耿街道西郎村槐树枯枝

图8-3-7 孙耿街道罗家屯村榆树枯枝

图8-3-8 新市镇新市村古槐缺乏保护措施

图8-3-9 新市镇李惠野村古树与民宅

图8-3-10 新市镇小圈村古树缺乏修剪与养护

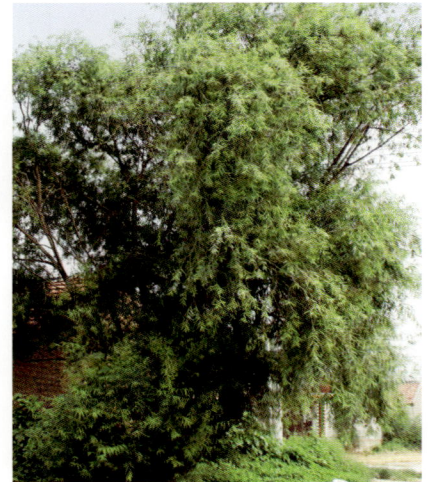

图8-3-11 新市镇前寨村旱柳缺乏修剪

二、古树名木保护技术措施

目前对于古树名木的保护仍有许多不到位之处，带来古树枯枝、倒伏、偏冠、躯干空洞等等诸多生长不良问题，因此应加强对古树名木保护和复壮的技术保障措施。

深耕松土。深耕树坑周边土壤，挖设排气沟和透气管，加强其须根部位透气性。

施肥输液。及时进行施肥和养护，以氮、磷、钾为主。对于树势极度衰弱的珍贵古树，需要注射活力素等营养液，防止古树进一步衰老。

清腐补洞。将树洞内的腐木彻底清除，挖去洞口边缘的坏死组织并填补空洞，避免腐烂进一步扩大引起死亡（图8-3-12）。

防治虫害。古树长势衰老，容易招致病虫害，需及时观察，掌握病虫害发病原因、种类和过程并及时对症下药，增强树势。

支架抗伏。对倾斜严重的古树周边进行环境清理与加固，防止因自身重心偏移和恶劣天气导致倒伏（图8-3-13）。

避雷保护。对于高雷区树体较大的古树应设置避雷设施，防止遭受雷击造成破坏。

图8-3-12　枝干倒伏、空洞与腐烂情况

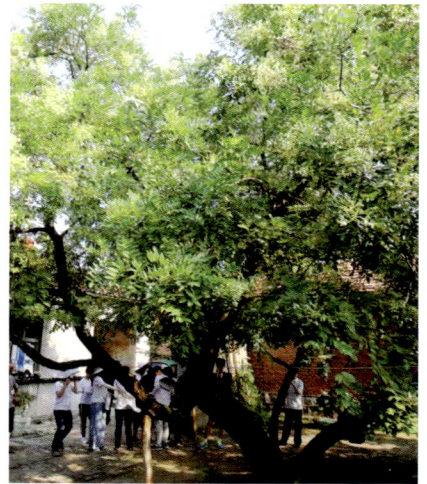

图8-3-13　支架处理防止枝干倒伏

第九章　非物质文化遗产

　　非物质文化遗产是文化遗产的重要组成部分，是历史的见证和文化的重要载体，蕴含着中华民族特有的精神价值、思维方式、想象力和文化意识，体现着中华民族的生命力和创造力。保护和利用好非物质文化遗产，对于继承和发扬民族优秀文化传统、增进民族团结和维护国家统一、增强民族自信心和凝聚力、促进社会主义精神文明建设都具有重要而深远的意义。

　　黄泛平原独特的文化生境，孕育着济阳人民关于历史文化、思想观念、宗教信仰、生活习俗等多方面的精神内核。依托得天独厚的区位优势和历史底蕴，济阳成为山东省非物质文化遗产项目保存数量和种类较多的地区之一。根据调研过程中对非物质文化遗产信息的搜集与记录，其所传承的民间艺术与传统技艺聚类多以村落为单位，相邻村之间影响不大，种类繁多且各具特色。

第一节 非物质文化遗产概述

我国是历史悠久的文明古国，拥有丰富多彩的文化遗产。2006年国务院在公布的第一批国家级非遗名录中将非遗分为民间文学、民间音乐、民间舞蹈、传统戏剧、曲艺、杂技与竞技、民间美术、传统手工技艺、传统医药、民俗等10大类。济阳非物质文化遗产是临黄而居的先辈留下的智慧结晶，蕴含着民间文化特有的思维方式和想象力，对培植济阳社会文化根基、维护文化多样性和创造性具有重大历史意义。

目前济阳已申报项目种类主要有民间音乐、民间舞蹈、传统戏剧、杂技与竞技、传统手工技艺（以下简称传统技艺）和民间文学等，在此将民间音乐、民间舞蹈、传统戏剧和杂技与竞技四类统称为民间艺术类。截至2020年9月，济阳获批非物质文化遗产保护项目国家级1项，省级6项，市级8项，区级32项(表9-1-1~表9-1-3)。除此以外，济阳还有太平西瓜、垛石苇编、仁风吕剧、黑枣熏制、孙耿舞狮、仁风周鼓子剧、垛石根雕、垛石回族丧葬传统、回河老白家羊肉包子、回河阿訇讲解古兰经、孙耿打锡壶、新市骑小毛驴和武术对打三节棍等特色非遗有待进一步培育申报，并还有较多可供进一步发掘保护的项目。

弘扬优秀的民间非物质文化遗产是项系统工程。地方政府在非遗项目的整理、申报、保护、传承、传播方面做到细致、务实，通过多种网络宣传平台展示济阳非遗发展的相关信息，尤其在济阳文旅云平台中对济阳的非遗活动、项目和传承人信息进行了及时、系统的更新，对传播和方便了解起到了很积极作用。另外，以开发带动传承，以传承促进保护，诸如鼓子秧歌等重点非遗项目已走出济阳蜚声海内外。

对于济阳非物质文化遗产的调研主要通过整理济阳多个官方宣传平台的信息和实地观察、深度访谈的方法，下面就将在乡村中活态传承较好、具有特色的代表性非遗项目进行重点介绍。

济阳区级以上非物质文化遗产项目统计表   表 9-1-1

级别	项目名称
国家级	济阳鼓子秧歌
省级	济阳钩绣、曲堤乔家高跷、张尔岐的传说、垛石董家伞棍、济阳黑陶、曲堤金李小伞鼓子秧歌
市级	崔寨德兰柳编、崔寨前街舞龙、济阳黄河泥塑、垛石平安驴肉、曲堤刘家羊肉、仁风圈椅、太平寸子、济阳糖画
区级	崔寨东路梆子、济阳剪纸、胡氏面塑、济阳面塑、济北刘家龙灯、新市小圈豆腐皮、垛石迷戏、新市迷戏、回河卢家鼓点、垛石孙家纯浆豆腐、回河南张舞龙、济阳老粗布、仁风柳编、太平马叉、济阳寇氏正骨、济阳迎亲婚俗、济阳打夯号子、济阳鼓吹乐、济阳木子李蛋壳画、济阳大蒸碗、曲堤金李熏鸡、济阳彩塑、济阳刻瓷、济阳唢呐吹奏、水母奶奶的传说、济阳福顺锅饼、济阳烙画、曲堤大布、济阳周氏切糕、仁风肖家酥火烧、仁风九龙翻身大鼓、胡氏糖画

济阳区级以上非物质文化遗产级别统计表   表 9-1-2

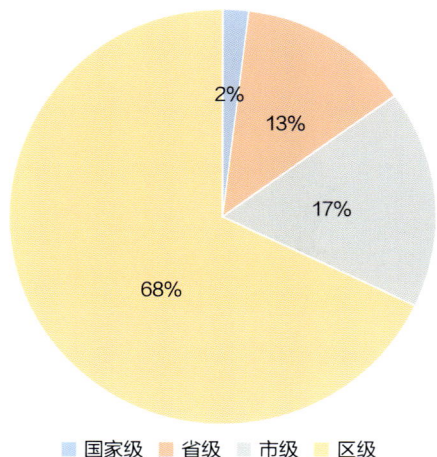

国家级 2%
省级 13%
市级 17%
区级 68%

■ 国家级 ■ 省级 ■ 市级 ■ 区级

济阳区级以上非物质文化遗产分类统计表   表 9-1-3

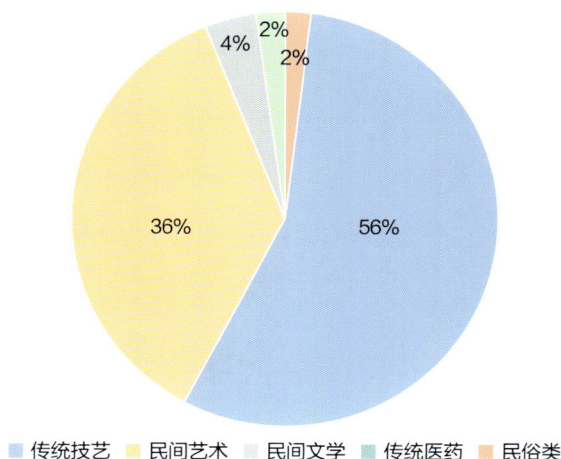

传统技艺 56%
民间艺术 36%
民间文学 4%
传统医药 2%
民俗类 2%

■ 传统技艺 ■ 民间艺术 ■ 民间文学 ■ 传统医药 ■ 民俗类

第二节 民间艺术

济阳民间艺术种类丰富多彩，历史悠久，是济阳人民群众长期以来热情生活的写照。其包括国家级非物质文化遗产保护项目济阳鼓子秧歌1项，省级非物质文化遗产保护项目曲堤乔家高跷、垛石董家伞棍鼓舞、曲堤金李小伞鼓子秧歌3项，市级非物质文化遗产保护项目崔寨前街舞龙、太平寸子2项，以及舞狮、大鼓、东路梆子、花鼓、卢家鼓点、周鼓子剧、济阳迷戏、京剧、"孙许班"剧组、小唱等13项（表9-2-1）。

主要非物质文化遗产民间艺术类汇总表   表 9-2-1

序号	名称	类别	保护等级	起源	传承人 *	保护现状（优 / 良 / 差）
1	济阳鼓子秧歌	传统舞蹈	国家级	明朝早期	仁风镇 姬店村、张染村 村民 流河村 豆庆国、豆永元	优
2	曲堤乔家高跷	游艺与杂技	省级	明朝晚期	曲堤街道 乔家村 乔尊圣	优
3	垛石董家伞棍	游艺与杂技	省级	明朝晚期	垛石街道 董家村 村民	良
4	曲堤金李小伞鼓子秧歌	游艺与杂技	省级	明朝晚期	曲堤街道 金李村 张方利	优
5	崔寨前街舞龙	游艺与杂技	市级	明朝晚期	崔寨街道 前街村 翟宪福	良
6	太平寸子	游艺与杂技	市级	清朝晚期	太平街道 茅草张村 村民	良
7	崔寨东路梆子	游艺与杂技	市级	清朝晚期	崔寨街道 路家寨村 曲艺社团	良
8	济阳迷戏	传统戏剧	区级	20世纪50年代	太平街道 南路桥村 路传贵 新市镇 后寨村 刘建胜、张庆恩、韩笑良、石云喜 垛石街道 老开河村 杨关兰、范淑潭	优
9	仁风九龙翻身大鼓	传统音乐	区级	不详	仁风镇 前桥家村 姜开明	良
10	回河卢家"九连登"鼓点	传统音乐	区级	民国早期	济阳街道 卢家村 卢世栋、卢钦文、卢世江、卢新会等人	良

*传承人信息资料来源于济阳文旅云平台、《济南非遗传人撷英》一书以及调查走访时村民口述

一、济阳鼓子秧歌

2008年被列入第一批国家级非物质文化遗产保护项目。济阳鼓子秧歌历史悠久，孕育于商周，形成于唐宋，兴盛于明清，鼓子秧歌与海阳秧歌、胶州秧歌并称山东三大秧歌。据考证，远在商周时期，生活在鲁北大平原上的先人们，每逢丰收之后，便会情不自禁地拿起耕作收种的杈、耙、棍、棒等劳动工具，一边撞击敲打，一边手舞足蹈，这里面既有祭祀天地崇尚自然之意，又有表达庆祝丰收喜悦的愿望。到唐宋时期，舞蹈套路渐已成型，明、清时期已在民间广为流传，且形成了较大规模，逐渐演变成一种鲁北农村的民间文化习俗（图9-2-1）。济阳鼓子秧歌伞、鼓、棒、花齐全，套路变化繁多（图9-2-2），动作粗犷豪放（图9-2-3），节奏欢快热烈（图9-2-4），气势恢宏磅礴，具有很高的艺术欣赏价值，是民族舞蹈艺术中的奇葩。

在过去十几年的时间里济阳鼓子秧歌分别在国家、省、市等各级艺术节上多次获奖。并多次赴法国、德国等国家和地区进行友好演出，给观众带去强烈的视觉冲击力和情感震撼力，得到热烈反响和高度评价，为中华民族传统文化走向世界作出贡献。

二、曲堤乔家高跷

2017年被列入省级第三批非物质文化遗产保护项目。高跷，也称"拐子"，又称"高跷秧歌"，起源于明朝晚期，是由表演者踩在木跷上表演的一种民间文艺形式。创始初期，本意为收获者腿绑木制跷腿，采摘高处果实，手舞足蹈以表达庆贺和喜悦之情，后经不断探索、传承和发展，形成了惊险刺激、风格独特的上杠高跷。每年春节的"送玩"活动会持续到元宵节，全村男女老少敲起锣鼓踩着高跷到四里八乡串

图9-2-1 早时鼓子秧歌团队表演（来源：文化济阳微信公众号）

图9-2-2 鼓子秧歌团队表演

图9-2-3 鼓子秧歌表演（来源：文化济阳微信公众号）

图9-2-4 鼓子秧歌乐器团队表演

演，扭起欢快的舞蹈，庆祝去岁五谷丰登，祈福今年风调雨顺。"上杠高跷"集舞蹈、杂技、音乐、小戏于一体，以技巧性、多样性、惊险性而惹人喜爱，具有鲜明的地方特色。表演所需乐器道具种类丰富（图9-2-5），表演动作主要有"夜叉探海""苏秦背剑""怀中抱月""鹞子翻身""大鹏展翅""张飞骗马""猛虎跳崖"等。其中尤以跳桌、跳凳、木板劈叉、跷上捡物、跳人（即十二连跳）等高难度动作最为惊险刺激，引人入胜（图9-2-6～图9-2-8）。

乔家村上杠高跷采取村传的方式，只限在乔家村传承（图9-2-9），在传承人乔尊圣的带领下，全村600余口人，除老人和幼儿外能上跷的有400多人，高跷队伍新老更替衔接自然，不断扩大，并多次参加比赛获得奖项。为使这一民间艺术瑰宝更加璀璨，我们有责任去探宝、挖宝、护宝、用宝，从而使民间艺术宝藏更加丰厚，让民间艺术之花更加绚丽多彩。

三、垛石董家伞棍

2020年被列入第五批省级非物质文化遗产保护项目。伞棍表演在整个济南市范围内为董家村独有，起源于明朝末年，具有十分重要的保护和发扬价值。

通过对伞棍的传承人鲁运亮和董传祯的访谈，得知伞棍表演可能由阵法或者团练演变而来。清朝初期为防止明朝复辟，皇帝下令禁止民间习武，村民为自保以表演为由进行团练掩人耳目，经历代相传，原先的武术意味渐渐消逝，现在的伞棍表演主要以伞、棍、鼓为主，通过击打鼓乐、载歌载舞等形式（图9-2-10、图9-2-11），表达欢庆丰收、欢度节日的喜悦。只要是节气之时都会有"办玩"活动，正月十五最为盛大。伞棍表演柔中有刚、刚中有柔、变化多端，融合曲艺文化元素，气势雄伟，表演时踏鼓而动，振奋人心，极具艺术美感。

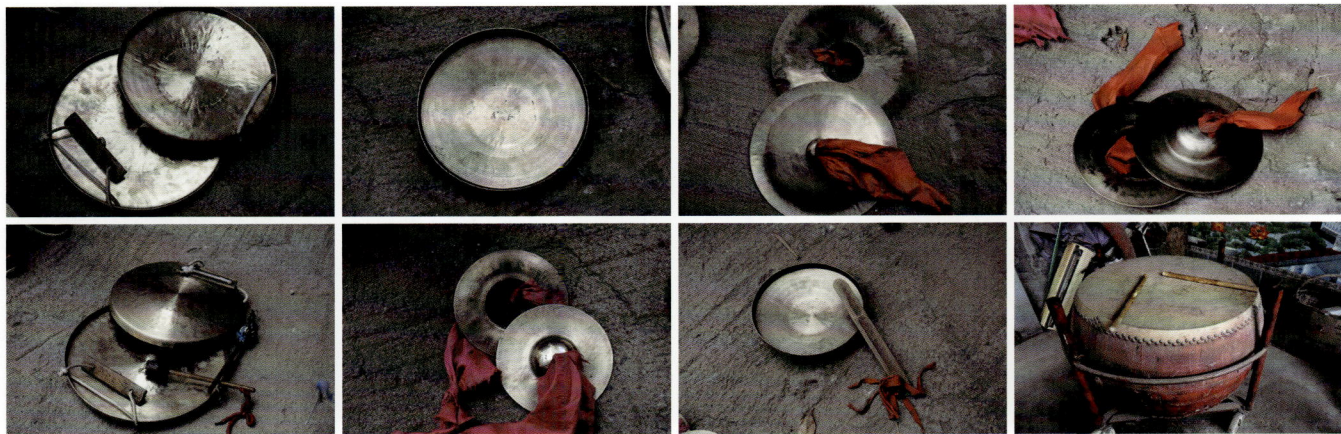

图9-2-5 乐器展示

图9-2-6 村民表演跷上起跳

图9-2-7 村民表演踩跷上凳

图9-2-8 乔家村上杠高跷展示表演

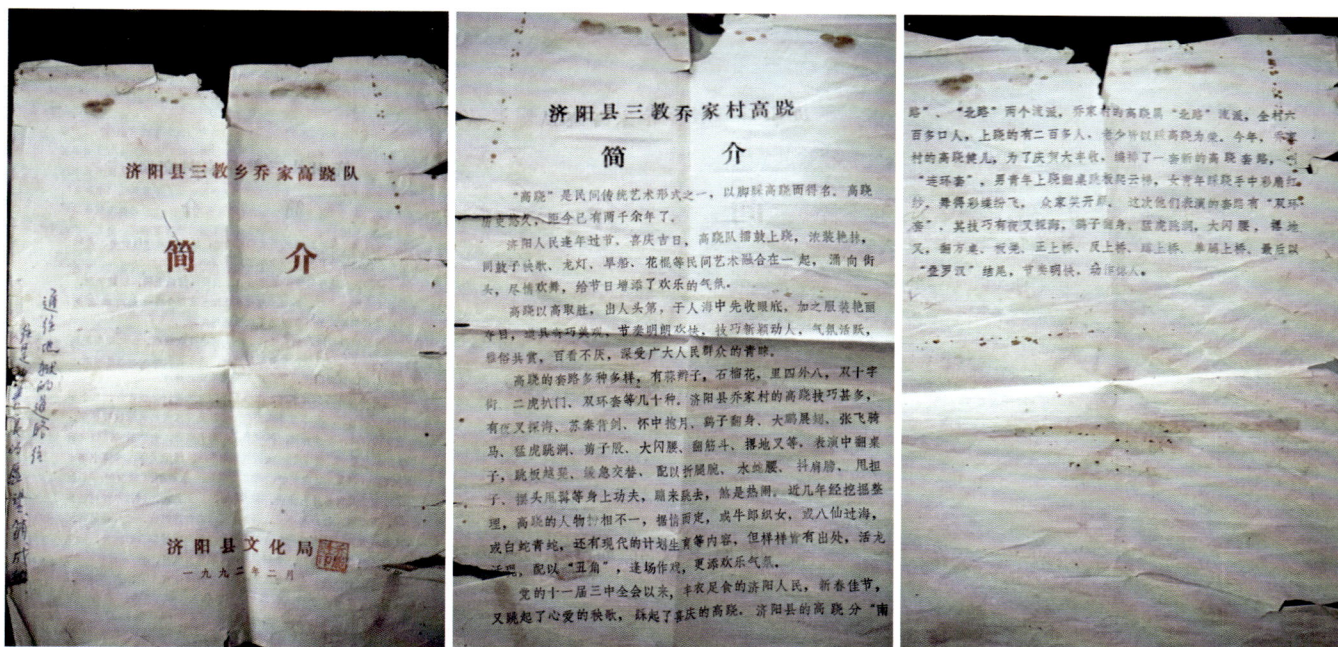

图9-2-9 乔家高跷队1992年版本简介

图9-2-10 董家伞棍舞表演者日常练习1（来源：文化济阳微信公众号）

图9-2-11 董家伞棍舞表演者日常练习2（来源：文化济阳微信公众号）

随着不断发展，董家伞棍舞得到专家和社会关注，不断得以挖掘、整理和提高，成为济阳独具特色的民间艺术表演形式。

四、曲堤金李小伞鼓子秧歌

2020年被列入第五批省级非物质文化遗产保护项目。金李小伞秧歌又称伞鼓秧歌，是济阳鼓子秧歌的三大流派之一。自明清时兴起并流行于济阳及周边地区后，经不断传承总结、提炼升华套路及表演形式后愈加完善，逐渐形成现在

具有鲜明地方特色的表演艺术。

相较于济阳鼓子秧歌，金李小伞鼓子秧歌的主要角色是伞、鼓、花、丑，由舞者中的伞、鼓等道具命名，以小伞领舞，多以两队或四队出场，舞蹈动作多，场面变化快，整场表演是在主伞的指挥下，队员随着鼓乐引领完成。表演灵活、技法多样（图9-2-12、图9-2-13），具有欢快、明朗、紧凑、热烈的艺术风格，人员一般有几十人到上百人不等，可根据场地适当增减。

金李小伞秧歌具有旺盛的生命力，其表演形式热情奔放。近半个世纪以来，它已从过去跳场图乐，到不断追求

小伞艺术的发展，使其具有了很高的艺术欣赏价值。金李村秧歌队还派代表到法国、德国和日本演出。目前传承群体通过开展传习活动、改良队形套路、组建小伞秧歌专业队伍、开展节庆展演活动和培育传承人等方式拓展了多元的传承空间，推动了精神文明建设的发展。

五、崔寨前街舞龙

2018年被列入第四批市级非物质文化遗产保护项目。崔寨前街舞龙起源于明朝晚期，经过多年传承并不断发展，现形成独具特色的舞龙表演形式。舞龙队由红黄两条龙组成，其中，红色巨龙寓意人们期盼日子红红火火，吉祥如意；黄色巨龙寓意祝福事业飞黄腾达，步步高升。

前街村舞龙的龙身有十一大节，龙头60多斤重，参加人员达三十人之多，龙身是用竹子扎成圆筒状，节节相连，

外面覆罩画有龙鳞的巨幅龙身彩布（图9-2-14、图9-2-15）。每条龙都由9人舞动，分男女两组，男为龙，女为凤，寓意龙凤呈祥。舞龙队套路娴熟，花样繁多，表演动作有"龙出宫""龙尾高跷""螺旋跳龙""单跪舞龙""蹬腰舞龙""翻滚舞龙""巨龙盘柱"等，动作优美有力（图9-2-16），有的似巨龙出海、上下翻腾，有的似踏浪碧波、温柔若水，给人以优美传神，身临其境之感。

龙是中华民族的伟大创造，是中华民族力量的象征。舞龙运动包括上肢动作、下肢步伐以及矫健的身姿、优美的队形，是一项运动量大的全身运动，可以激发人们的学习兴趣，培养健身运动的良好习惯，具有十分重要的实践意义。通过对舞龙技巧的学习和掌握，激发学员自强不息、奋发向上的学习热情，提高力量、灵敏、协调、耐力等身体素质，培养互助协作精神，继承和弘扬中华民族的宝贵文化遗产。

图9-2-12 金李小伞秧歌队表演1（来源：文化济阳微信公众号）

图9-2-13 金李小伞秧歌队表演2（来源：文化济阳微信公众号）

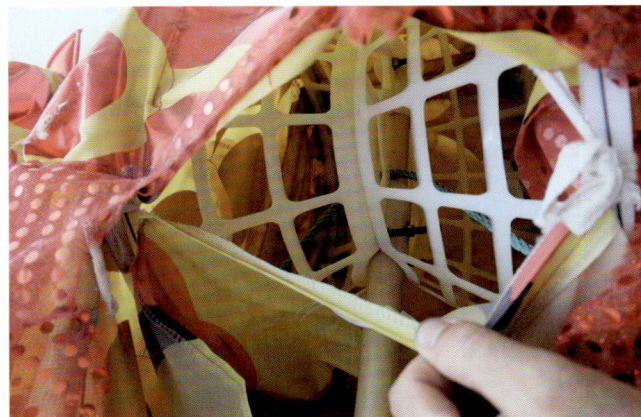

图9-2-14 舞龙表演道具1

图9-2-15 舞龙表演道具2

图9-2-16　崔寨前街舞龙表演（来源：新济阳微信公众号）

六、太平寸子

2015年被列入第三批市级非物质文化遗产保护项目。太平寸子也叫"唱秧歌""姐儿调"，起源于清朝晚期，来自临淄一带，大约1847年由外出游学归来的秀才孙玉申老先生根据所见所学改编而成。历史上盛行于茅草张村，历经近170年的四代传承。

太平寸子主要包含舞蹈、唱小调、跑旱船、打花鼓等内容，以舞蹈和唱《姐儿调》为主。人物有花姐、傻公子、鼓手、官老爷等，演出道具有寸子（一种木制道具，30厘米左右，底部套着绣花小鞋）、花灯、绑带、旱船、彩扎驴具等（图9-2-17、图9-2-18）；演出服装有花衣、凤冠、长衫、灯笼裤、头巾和坎肩等；伴奏乐器有大鼓、腰鼓、铜锣、唢呐和梆子等。表演者多为男性，踩在寸子上走动时，

图9-2-17　道具寸子展示

图9-2-18　道具彩扎毛驴展示

宽而长的裤腿可以盖住木柱，若隐若现、风姿绰约（图9-2-19~图9-2-22）。

作为我国一种特殊的民间舞蹈，"踩寸子"在表演风格上介于"高跷"和扭秧歌之间，以风趣幽默、积极向上为主调，其唱词多取材于民间故事和民间小调，充满了乡间俚曲的"逗"和"哏"，将勤劳、善良、孝悌等中华民族的优良传统，以群众喜闻乐见的形式表现出来。音乐曲调极为通俗易懂，达到寓教于乐，引导人们从善弃恶的效果。

七、崔寨东路梆子

区级非物质文化遗产保护项目。崔寨东路梆子又叫梆子腔，起源于清朝末年，是一种传统戏剧剧种，历经几代艺人的千锤百炼。崔寨东路梆子的唱腔属板腔体，基本唱腔为"慢一板"，艺人们又称"本地乱弹"。东路梆子的生、旦、净、丑在演唱时，除板式相同外，在行腔、用气等方面，各行有各行的唱法，但均为先吐词后用腔。

崔寨街道路家寨村庄剧团的繁荣，是在新中国成立之后。那时，路庆忠、路延美、路长坤等人专门到临邑县四音剧团学习四年，回村后指导乡亲们演出（图9-2-23~图9-2-29），虽然还是演唱东路梆子，但村民的唱腔、演技、梆子和管弦器乐（主要有大胡琴、二胡、唢呐、皮鼓、简板、大锣、中锣、中叉、小叉、梆子、碰玲和堂鼓）等，都上了一大台阶（图9-2-30）。艺术形式和表演力也都得到了很大的提升，其对东路梆子的传承与改进作出很大贡献。当时，在方圆百里以内，路家寨村的东路梆子妇孺皆知，有口皆碑。

崔寨东路梆子的传统剧目很多，内容题材也很丰富，主要有反映帝王将相的《高平关》、反映爱国和民族英雄的

图9-2-19　太平寸子表演者更换戏服

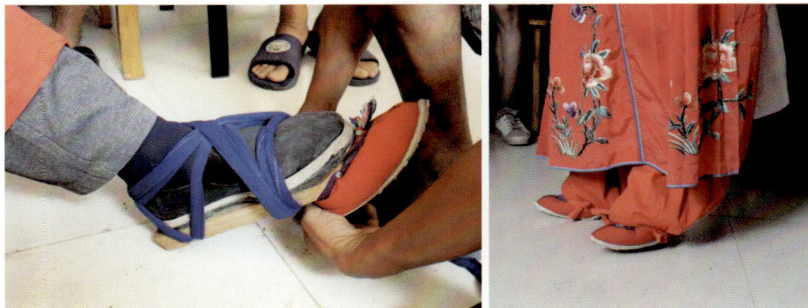
图9-2-20　表演者将寸子捆扎在脚上

图9-2-21　太平寸子演员完成表演准备

图9-2-22　太平寸子表演展示

图9-2-23　崔寨梆子表演准备1

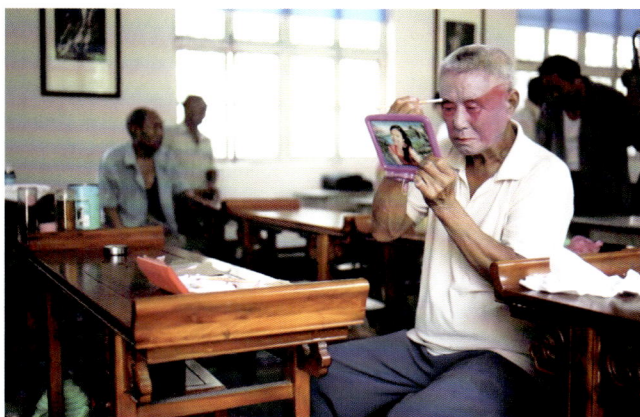
图9-2-24　崔寨梆子表演准备2

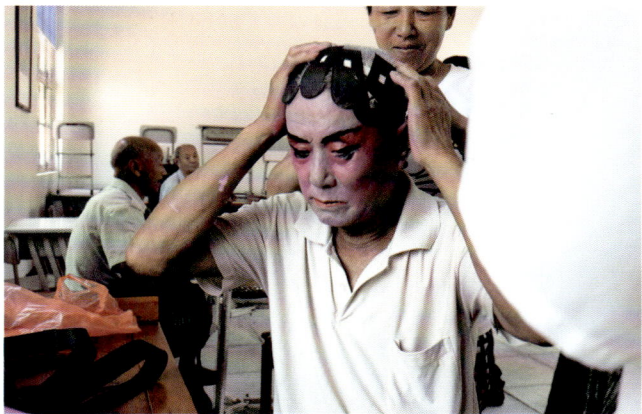
图9-2-25　崔寨梆子表演准备3

图9-2-26　崔寨梆子表演准备4

图9-2-27　崔寨梆子配乐队

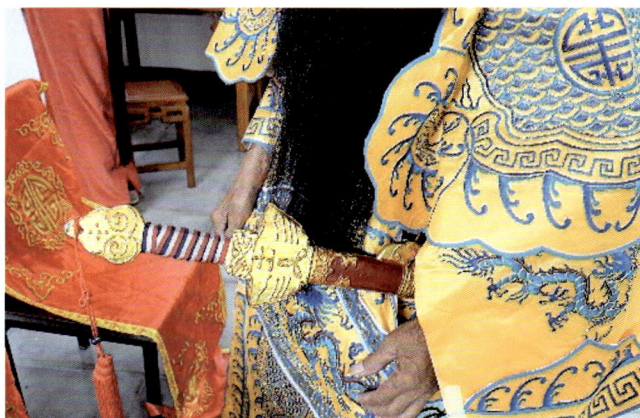
图9-2-28　崔寨梆子服装、道具1

《破洪州》、反映农民起义的《串龙珠》、反映神话故事的《火焰洞》、反映爱情故事的《刘金定》等。崔寨东路梆子体现了崔寨的文化底蕴，其传播范围广，获得社会评价高，具有一定的历史和精神传承的价值。

八、济阳迷戏

区级非物质文化遗产保护项目。济阳迷戏又称"驴戏"，起源于清朝，是民间艺人走乡串户时所唱的小戏，有

图9-2-29　崔寨梆子服装、道具2

着鲜明的地域文化特点，前身是山东琴书。迷戏的产生，是群众艺术活动与琴书说唱的有机结合，也是由琴书向吕剧发展的一个转折点。

20世纪40年代，商河县杨官坞的民间艺人董志贤和瑞美林在流浪中经过太平街道南路桥村及新市镇贾寨村时，将迷戏传给了当地的百姓，当年贾寨村就搭起了戏台。如今，该村由27人组成的"迷戏"班，每逢春节都要为街坊四邻义务演出几天，还经常被邀到外村演出（图9-2-31～图9-2-34）。

剧本选材多取自民间家庭伦理故事，唱词道白通俗易

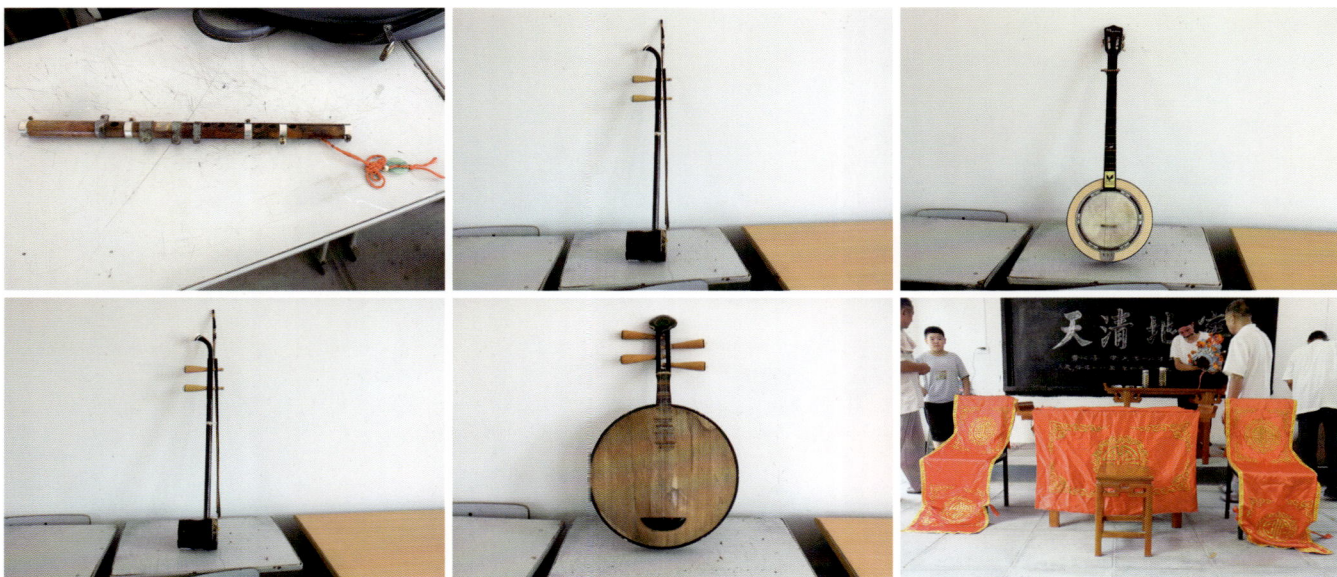

图9-2-30　崔寨梆子表演用乐器

图9-2-31　新市迷戏服装道具细节1

图9-2-32　新市迷戏服装道具细节2

懂，具有浓郁的乡土气息。经典作品主要有：《王小赶脚》《三打四劝》《三卷帘》《王天保下苏州》《三开棺》等。伴奏乐器有坠琴、板弧、鼓板、剑板、锣、钹、叉、铉子、梆子等。

"迷戏"班多次参加太平街道和济阳区组织的文艺演出，是传统节日的重要节目，是民间热烈情感表达的智慧途径，具有别具一格的服饰、道具、表演形式等方面的审美价值和中国传统文化价值。

九、仁风九龙翻身大鼓

区级非物质文化遗产保护项目。"九龙翻身"大鼓，起源于仁风镇，历史悠久，与"仁义之风"相伴相生。据传，唐初名将薛仁贵征东途经迎风城（今仁风镇）时，曾安营驻扎，薛家军在操练过程中经常擂军鼓、助军威、鼓士气，百姓深受感染，出于对薛将军的敬仰之情，便模仿军鼓样式制作大鼓，吸收当地民间音乐，进行演练编排，来庆祝丰收等，发展成一种喜庆锣鼓，历经千百年发展的历史，创作了充满"仁义之风"气息的"九龙翻身"锣鼓打击乐谱，逐步形成以大鼓演奏为主，锣、镲、拨演奏为辅的富有黄河和徒骇河文化的特色表演形式（图9-2-35～图9-2-38）。

"九龙翻身"大鼓作为仁风镇"仁义之风"的缩影，是当地百姓热爱生活、抒发情感的一种艺术表演形式，该鼓法节奏欢快、铿锵有力，体现出劳动人民朴实、坚韧、乐观的生活情趣，对于研究济阳的民间艺术表演具有重要研究价值，对于当地村民具有重要文化和艺术价值。

图9-2-33　新市迷戏传承人对戏1

图9-2-34　新市迷戏传承人对戏2

图9-2-35　九龙翻身乐器展示1

图9-2-36　九龙翻身乐器展示2

十、回河卢家"九连登"鼓点

区级非物质文化遗产保护项目。回河卢家鼓点起源于民国时期，兴盛于中华人民共和国成立后，至今已传承百余年。据老辈口述，回河卢家鼓点由北洋上将卢永祥家流传而出，原卢氏前人卢永祥在浙江一带行使督军权，每每战将临行，便召集军司府院奏响鼓乐号角为战将壮行。府院中有一卢氏管家听其鼓乐气势恢宏，便心记鼓谱，后传至卢氏后人，逐代传承下来。

回河卢家鼓点以五人为组配合敲打，分列队伍也有讲究，有"当面鼓、对面锣、金钹银镲站两边、小镗镟子围着转"的说法，因其鼓点"三番三复"，重槌八十一响，故称之为"九连登"，又寓意为九连丰登。回河卢家鼓点敲奏起来节奏感强，队员配合默契，有极强气势。每逢重大节日、丰收喜庆、祭神求雨、庙宇开观、赶庙会、续家谱、闹元宵等活动，民间百姓敲打庆贺鼓，鼓声响彻数里之外（图9-2-39）。

九连登鼓点，气势恢宏节奏明快，是传统民乐的重要组成部分。反映了卢家村的生产和生活经历，在长期的历史发展过程中具有独特的历史和文化价值，对于研究、弘扬济阳地区传统民族乐器有重要意义。其艺术个性鲜明，是历代艺人心血的结晶，是传统艺术的宝藏，有很高的艺术和审美价值。它有着悠久的历史，是在广大人民群众的日常生活中产生的，与人民群众紧密联系，群众喜闻乐见，易于接受，蕴含着特定的思想内涵，既具有娱乐和审美功能，同时又兼具道德教化和知识普及的作用。

图9-2-37　乐器队村民练习

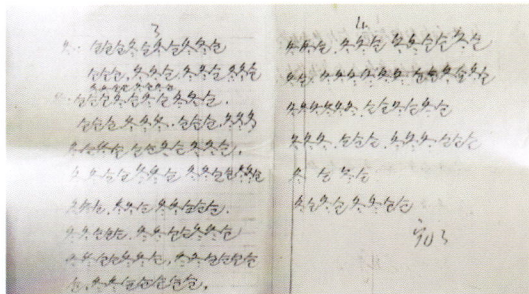

图9-2-38　九龙翻身乐谱

图9-2-39　回河卢家"九连登"鼓点表演（来源：文化济阳微信公众号）

第三节　传统技艺

济阳非物质文化遗产中传统技艺类共有25项，其中省级非物质文化遗产保护项目济阳钩绣和济阳黑陶2项，市级非物质文化遗产保护项目胡氏糖画、济阳黄河泥塑、垛石平安驴肉制作工艺、曲堤刘家羊肉加工工艺、仁风圈椅和崔寨德兰柳编6项，以及胡氏面塑、曲堤刘家龙灯、小圈豆腐皮、垛石孙家纯浆豆腐、济阳老粗布、济阳寇氏正骨和济阳木子李蛋壳画等17项（表9-3-1）。

一、济阳钩绣

省级非物质文化遗产保护项目。济阳当地四季分明、降水充沛的气候环境为钩绣的原料——棉花创造了适宜的生长条件。济阳钩绣是由钩织和刺绣两大工艺结合而成的，是中国传统编织工艺和欧洲抽纱技艺相结合的结果，具有独特的地方风格。

济阳钩绣以钩为主体，以绣为点缀，经过纺线、上色、图案设计、钩织、刺绣等多个步骤制成，在济阳乃至济南地区自成一派，独具一格。钩绣产品已经广泛地运用到桌布、靠垫、玩具、服装、床上用品等日常生活的方方面面，既美观又实用，曾为山东省"第十届中国艺术节"指定用品，深受广大人民群众欢迎（图9-3-1~图9-3-4）。

济阳钩绣在艺术风格上区别于其他刺绣工艺，呈现出粗犷的特征，蕴含着齐鲁文化的内在韵味。工艺精细，立体感强，朴实中又有灵动，体现了劳动人民的生产智慧，表达出富贵吉祥、平安喜乐的愿望，是中华民族悠久钩织刺绣文化的重要组成部分。

主要非物质文化遗产传统技艺类汇总表　　　　　表 9-3-1

序号	名称	类别	保护等级	起源	传承人	保护现状（优 / 良 / 差）
1	济阳钩绣	传统技艺	省级	不详	济南腾达纺织品有限公司 巩乃美*	优
2	济阳黑陶	传统技艺	省级	不详	济阳街道 徐庙村 徐庆增*	优
3	济阳胡氏糖画	传统技艺	市级	不详	济阳区文化馆 李琪琪*	优
4	济阳黄河泥塑	传统技艺	市级	不详	济阳街道 洼里王村 王昭平、李开泰、李向北、周旭、周乃康*	良
5	垛石平安驴肉制作技艺	传统技艺	市级	清朝晚期	垛石街道 杜善平*	优
6	曲堤刘家羊肉制作技艺	传统技艺	市级	民国中期	曲堤街道 安家村 刘玉珍*	良
7	崔寨德兰柳编	传统技艺	市级	明朝中期	崔寨街道 谷庙村 张德兰*	优
8	仁风肖家吊炉烧饼	传统技艺	区级	清朝晚期	仁风镇 肖家村 李延海、李彦文、李彦平、李兴太等人*	优

*传承人信息资料来源于济阳文旅云平台、《济南非遗传人撷英》一书以及调查走访时村民口述

二、济阳黑陶

2020年被列入第五批省级非物质文化遗产保护项目。济阳黑陶历史悠久，在制陶历史上独具特色，精选黄河优质泥料，严格调制，运用独特的压光工艺及雕刻艺术手法，经古法烧制，制成独具地方特色的艺术精品。

济阳黑陶作品既保留了古黑陶"黑、薄、光、细"的特点，又结合各个历史时期的艺术精华，赋予了黑陶作品以新的生命内涵，无釉而乌黑发亮，突显了高贵、典雅、古朴特色。济阳黑陶在作品制作形态上也大有创新（图9-3-5），其作品恢宏大气，细致精美。中华人民共和国成立70周年巨鼎、五龙献瑞、中华福等作品，体量均可达近2米，极具艺术价值。其中作品56个葫芦象征56个民族植根于祖国大地，寓意祝福祖国繁荣昌盛，体现出山东人内在恢宏磅礴的气概。

2019年6月，济阳黑陶技艺传承保护再上新台阶，成立了济南龙格黑陶艺术研究院，致力中国黑陶艺术研究推广（图9-3-6），产业规模不断扩大，黑陶产品远销中国香港和中国澳门，以及美国、法国等国家。

图9-3-1　济阳钩绣手工制作过程1（来源：文化济阳微信公众号）

图9-3-2　济阳钩绣手工制作过程2（来源：文化济阳微信公众号）

图9-3-3　济阳钩绣手工制作过程3（来源：文化济阳微信公众号）

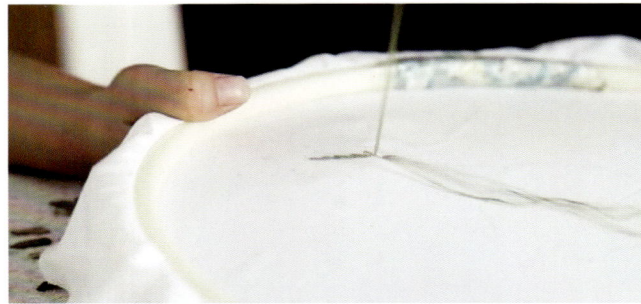
图9-3-4　济阳钩绣手工制作过程4（来源：文化济阳微信公众号）

图9-3-5　黑陶艺术作品展示（来源：文化济阳微信公众号）

图9-3-6　黑陶作品制作现场（来源：回眸—纪念济阳改革开放40周年暨济阳撤县设区［M］.北京：积成影像有限公司）

三、济阳胡氏糖画

市级非物质文化遗产保护项目。糖画，顾名思义，就是以糖做成的画，它亦糖亦画，可观可食，民间俗称"倒糖人儿""倒糖饼儿"或"糖灯影儿"，分为平面糖画与立体糖画两种，是一种民间手工艺。糖画起源于明代的"糖丞相"，清代时糖画更加流行，胡氏先人就在那时学习起了糖画技艺，经过几辈传承，制作技艺日趋精妙，题材也更加广泛，多为龙、凤、鱼、猴等普通大众喜闻乐见的吉祥图案。

济阳胡氏糖画在选材和用料上有着自己独特的创新，经过长期摸索，用冰糖、蜂蜜、纯净水等作为材料（图9-3-7），放入锅内熬制半小时，等糖稀出现金黄色时用铜勺舀出在平整的板上画出图案（图9-3-8）。胡氏糖画火候把握到位，用料考究，作品活灵活现、千姿百态、栩栩如生（图9-3-9、图9-3-10），观之若画，食之有味。

胡氏糖画是一门高深的民间技艺，里面蕴含了历史、美术、地方民情风俗、蔗糖工艺等复杂的元素，融物质与精神文化于一体。

图9-3-9　糖画平面作品（来源：文化济阳微信公众号）

图9-3-10　糖画立体作品（来源：文化济阳微信公众号）

图9-3-7　胡氏糖画制作（来源：文化济阳微信公众号）

图9-3-8　胡氏糖画原料（来源：文化济阳微信公众号）

四、济阳黄河泥塑

市级非物质文化遗产保护项目。济阳地处华北平原，南依黄河，北靠徒骇河，过去济阳地处黄泛区，每到汛期农田常被洪水淹没，庄稼收成不好，当地农民为了养家糊口便到黄河岸边采泥，后经晾干用纱布过滤制成泥胚，制作出各种形象，走街串巷，以此来维持生活。后期经过治理，洪涝灾害得到有效控制，济阳的黄河泥塑便也传承发展下来，影响黄河下游的周边地区。

不仅如此，历史上济阳作为古代黄河沿岸重要的经济、文化中心，道观、寺院以及各种神庙较多。最为有名的当属古代济阳县城附近的城隍庙和文庙，但是济阳属于平原地带，缺少石料，加之运输等比较困难，因此，济阳供奉的"神"多数是泥做的，人们将供奉寄托全部通过泥塑的形式表现出来。

济阳黄河泥塑全部是纯手工制作，工艺朴实，经过几代的传承发展，泥塑作品越来越形象生动，成为一项具有传承价值的手工艺项目（图9-3-11~图9-3-16）。

五、仁风圈椅

市级非物质文化遗产保护项目。济阳区地处黄河下游北岸，位于暖温带半湿润季风气候区内，黄河、徒骇河、土马河流经县境，四季分明，水资源丰富，得天独厚的气候条件非常适宜柳树的生长，目前森林覆盖率达80%，被誉为"柳树之乡"，为圈椅的制作提供了丰富的原材料。

圈椅是我国古典家具中十分具有代表性的家具，仁风圈椅在继承明式圈椅"方圆结合、张弛有度、典雅含蓄"的基础上，结合当代生活方式，从设计造型、工艺、用材和意韵方面，不断改革创新。其工艺精巧，选料严格，制作精细，一般选用柳木、桑木，制作时不用锯，完全根据木头的自然纹路劈开、刨光、蒸煮再揉弯成型。具备独特的工艺流程和造型特点。圆扁适当，美观大方；重心稳定，坐倚舒适；卯榫科学，不用铁钉；组装严紧，结实耐用。仁风圈椅在济阳沿黄地区盛行不衰，影响至济南及周边区域，置于家中和方桌搭配，端庄大方，极具地域特色（图9-3-17~图9-3-19）。

圈椅制作传承人现有李安举、赵俊西两人，据赵俊西所言，圈椅最明显的特点是圈背连着扶手，从高到低一顺而下，坐靠时可使人的臂膀都倚着圈型的扶手。正是这种结构的特殊性，可以有效防止久坐腰痛的情况。近十几年来，市区媒体曾多次上门采访报道仁风圈椅加工的相关情况，连续十几年参加济阳元宵节非物质文化遗产展演，产生了良好的文化宣传效果。

六、崔寨德兰柳编

市级非物质文化遗产保护项目，柳编是我国传统的手工编织技艺，起源于明朝中期。在济阳崔寨、仁风等地均有分布。过去，济阳地处黄泛区，每到汛期，农田常遭水淹。而柳条不怕涝、易生长，农民便用它编织各种柳制品，补贴家用。时间一长，柳编成了当地人抵御自然灾害且能谋生的一项重要技艺，济阳的柳编业便传承发展下来，尤以崔寨德兰柳编为代表。

"德兰"柳编由谷庙村党支部书记张德兰创办。多年来，她充分利用农村丰富的条柳资源，通过自己的刻

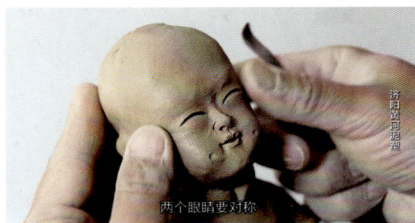

图9-3-11 黄河泥塑制作过程1
（来源：文化济阳微信公众号）

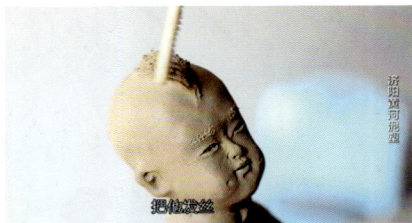

图9-3-12 黄河泥塑制作过程2
（来源：文化济阳微信公众号）

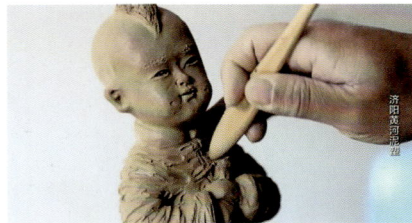

图9-3-13 黄河泥塑制作过程3
（来源：文化济阳微信公众号）

图9-3-14 黄河泥塑制作过程4
（来源：文化济阳微信公众号）

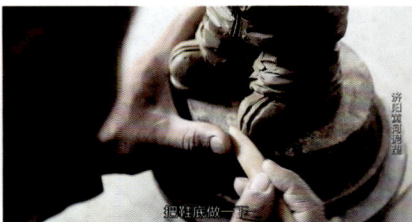

图9-3-15 黄河泥塑作品
（来源：文化济阳微信公众号）

图9-3-16 黄河泥塑作品
（来源：文化济阳微信公众号）

苦钻研，创出了诸多独特的编织品种。"德兰"柳编以其"生态、环保"理念赢得了市场广大客户的青睐，产品畅销山东、浙江、上海等地，并出口到美国、日本、韩国、加拿大等国家，为群众提供了千余个就业岗位，年产值和利税均成为济阳柳编业的龙头。柳编创始人张德兰也先后荣获全国三八红旗手、全国双学双比女能手，山东省"巾帼星火创业带头人"等荣誉称号（图9-3-20~图9-3-22）。

图9-3-17　传承人制作圈椅过程

图9-3-18　圈椅作品展示1

图9-3-19　圈椅作品展示2

图9-3-20　柳编工艺品制作原料

图9-3-21　柳编工艺品1

图9-3-22　柳编工艺品2

柳编以其精湛的技艺及精巧细致的做工广受赞誉，体现了鲁北平原黄河沿岸劳动人民的智慧，这项技艺展现出的艺术、文化、实用价值具有极大的地域特色，是该地区劳动人民热爱生活、利用自然、与自然和谐相处、可持续发展的生动案例。

七、仁风肖家吊炉烧饼

区级非物质文化遗产保护项目。说到肖家吊炉烧饼，当地流传着一段传说，相传清朝嘉庆年间，家住直隶省的一位老人到南方探亲，途经仁风镇肖家村时，正值农历11月份，突然天下大雪，温度骤降，老人连冻带饿晕倒在路上奄奄一息，肖家村有一户李姓人家正从外地归来，看到老人后立即招呼儿孙们把老人抬回家，并请来郎中为老人号脉治病，家

境本不富裕的李家几乎倾其所有精心照料老人。一个月后，老人完全康复。临行时老人特别感动，就将做"吊炉烧饼"的秘方传授给这户李姓人家。李家按照秘方做出来的烧饼又香又酥又脆，夏天放置三个月仍然酥脆，味道不变。

如今，肖家"吊炉烧饼"的传人李延海、李彦文、李彦平、李兴太等人仍然继续采用老祖宗传下来的方法制作烧饼。面粉要用石磨磨出的白面，油是用当地冷榨的花生油，芝麻、盐、白糖等佐料的用量和搭配都有严格的标准。面要和的不软不硬，醒面、掂面等环节要细致。用特殊方法处理后的枣木作燃料，严格控制好炉火和炉壁的温度，这样打出来的烧饼色香味俱佳（图9-3-23、图9-3-24）。

由于其选材讲究，手工制作，工艺精湛，风味独特，肖家村的"吊炉烧饼"已成为远近闻名的地方小吃。

图9-3-23　肖家烧饼1

图9-3-24　肖家烧饼2

第十章　济阳老城区更新设计研究

党的十九届五中全会通过的《中共中央关于制定国民经济和社会发展第十四个五年规划和二〇三五年远景目标的建议》明确提出实施城市更新行动，指出城市建设既是贯彻落实新发展理念的重要载体，也是构建新发展格局的重要支点。实施城市更新行动，推动城市结构调整优化和品质提升，转变城市开发建设方式，对于全面提升城市发展质量、不断满足人民群众日益增长的美好生活需要、促进经济社会持续健康发展，具有重要而深远的意义。

在我国当前城市发展由大规模增量建设，转为存量提质改造和增量结构调整并重的时期，通过"小规模、精准性、渐进式"的城市微更新，在保护城市历史文化遗产的同时，探索有机更新和活化利用，改善人居环境，成了城市发展的必然。与大规模地推倒重来、拆旧建新的城市更新方式不同，"微更新"对城市空间局部的、微小的改变往往更接近于城市自身的发展规律，能够激发城市自身的能动性，实现城市自我更新，恢复机体活力。

济阳老城的城市肌理和街巷空间具有非常宜人的生活尺度，集中保留有多处中华人民共和国成立后至改革开放初期建成的公共建筑，具有价值独具的风貌特色。本章基于城市"微更新"的建设理念，为保护和发展济阳老城的文化价值，对作为济阳老城区更新重要激活点的历史建筑进行测绘，梳理被破坏的水系、绿脉、城墙遗址等景观生态要素，在此基础上开展了济阳老城区城市更新设计研究。

第一节   更新理念

当前正在加快推进济南市新旧动能转换先行区建设，济南市"携河发展"战略进入重要实施阶段。撤县设区后，济阳成为省城"北起"战略的主要承载地、未来城市的新生力量、济南市新旧动能转化的主要功能区、黄河生态保护与高质量发展国家战略的重点区域，发展迎来了前所未有的历史性时刻。

习近平总书记指出："城市规划和建设要高度重视历史文化保护，不急功近利，不大拆大建。要突出地方特色，注重人居环境改善，更多采用微改造这种'绣花'功夫，注重文明传承、文化延续，让城市留下记忆，让人们记住乡愁[①]。"以此为指引，我们尝试采用基于城市"微更新"的理念，对济阳老城区进行更新设计研究。通过保留老城区生态环境、空间风貌、建筑特色，实现济阳历史文化传承与景观风貌振兴；依托历史文化记忆的传承，优化老城空间质量，提升生态环境质量和基础设施配套，打造宜居宜业的老城氛围，并实现与济南北部新城产业的优势互补，实现产业振兴；通过打造宜居宜业的老城环境、发展具有文旅价值和经济效益的特色产业，吸引外来群体来此工作、生活，实现人才振兴。

具体以本地居民、城市管理者的需求和参与为导向，对老城区品质不高、长期闲置、利用不足、功能不优的老城区和老旧建筑进行改造提升，推动城市存量空间的活化与利用。打造济阳老城内现存碎片化绿地与水体修复协同的"蓝绿交织"的景观体系营造，将历史建筑作为老城区更新中的重要媒介，通过城市"微更新"来唤醒居民的共治意识和社区文化记忆，达到精神层面和物质层面共同提升的目的。

第二节   历史建筑测绘

济阳老城区十字街核心区域及老城北侧较为集中地保留着中华人民共和国成立后至改革开放初期建成的公共建筑，如老新华书店、老电影院、农机公司等。这些饱经岁月洗礼的老建筑向人们展示着济阳老城悠久的历史和独特风貌，是老城更新中重要空间节点及公共业态组织的重要介质，是老城再生的重要激活点。为了做好保护利用，我们对现存重要历史建筑进行了沿街立面测绘（图10-2-1）。

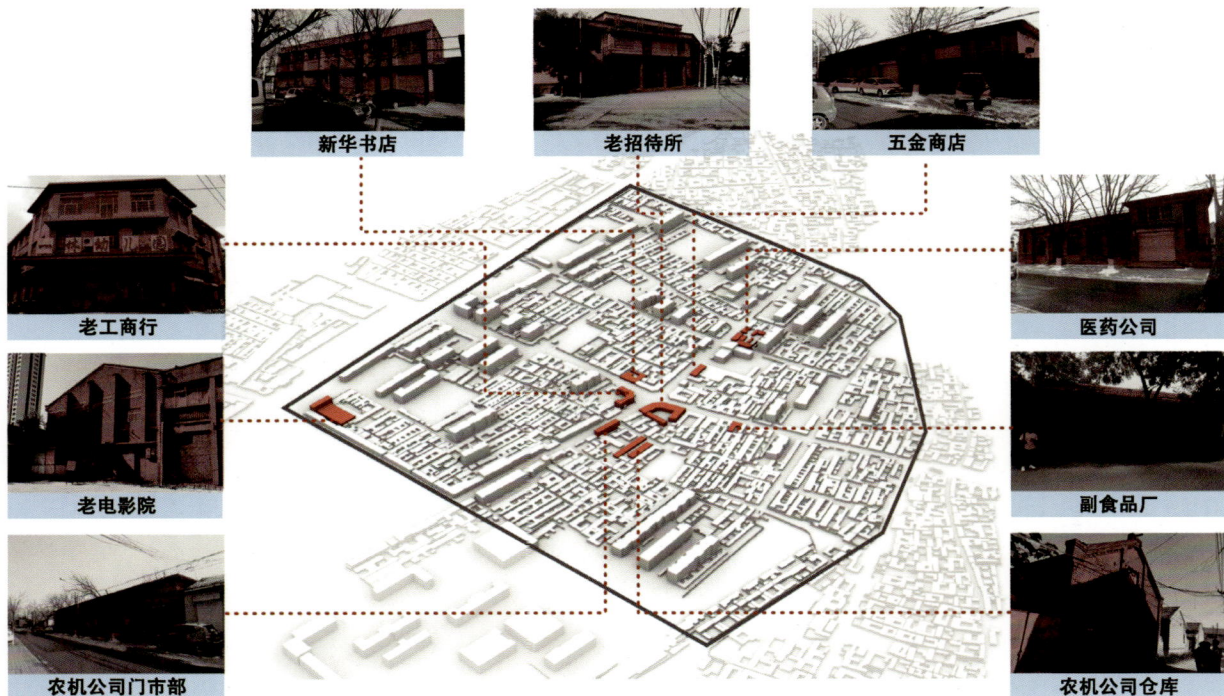

图10-2-1   测绘建筑分布图（来源：齐心怡 绘）

[①]   2018年10月24日习近平总书记在考察广东时讲话指出。

一、生产建筑

（一）副食品厂

建于20世纪80年代，位于丁字街41号，老城街以南，丁字街西侧。南北长19米，东西宽13米，均为一层。西侧、南侧为北方传统双坡民居，青砖砌筑，上覆红色黏土瓦，面阔四间。院子内南侧外接2.8米封闭式出厦，北侧有平顶民房3间。西侧立面为三段式构图，上为白石灰抹面，中为暖色灰膏抹面，下为水泥抹面。主体建筑结构完整，但立面抹灰斑驳脱落，现处于空置状态（图10-2-2、图10-2-3）。

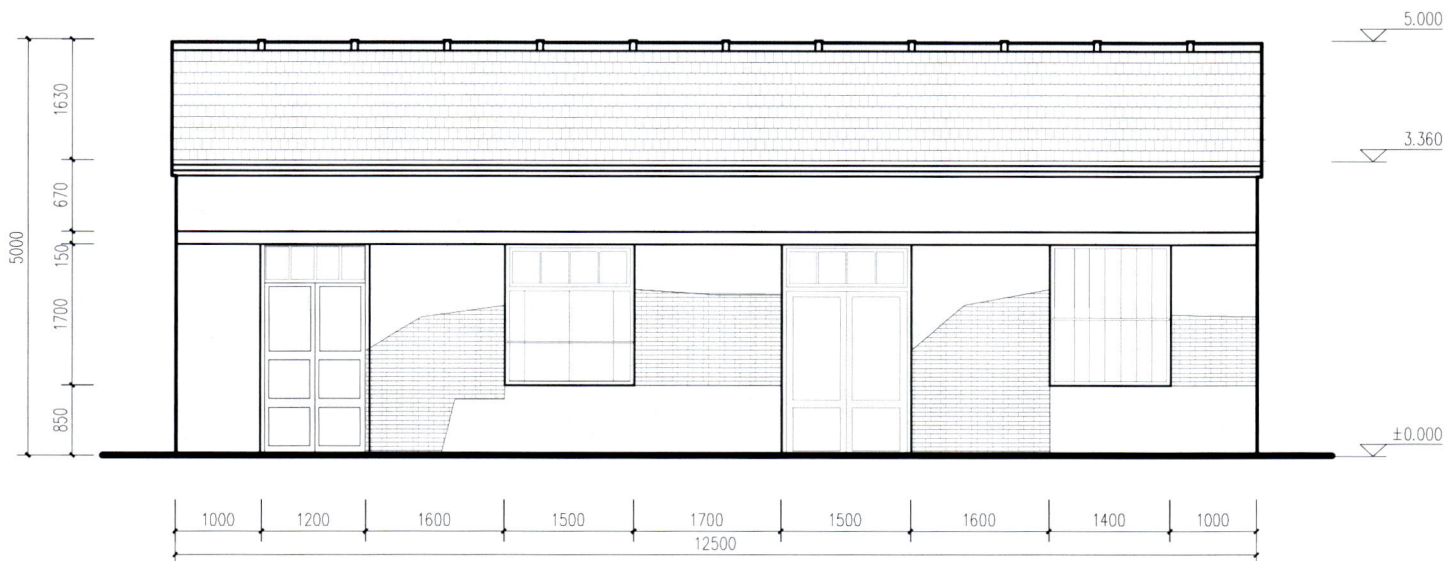

图10-2-2　副食品厂门市部立面图（来源：王钰 绘）

图10-2-3　副食品厂门市部现状（来源：杨晓璇 摄）

（二）农机公司

建于20世纪80年代，位于老城街36号，纬一路以南。现有两座单层双坡屋面厂房。北楼面阔15间，进深8米，南楼面阔十间，进深10米。外墙为清水青砖墙，下部为毛石勒脚，每开间窗户为砖过梁平砌拱，有凸出墙面的砖壁柱。檐部下方曾用红砖修补，屋顶上覆红色黏土瓦。建筑西侧山墙面采用硬山屋面，其屋脊下方拔檐、戗檐、挑檐砖设计，细部丰富精美。墙面青砖为十字砌法，一丁一顺勾白色砖缝。建筑整体结构完整，建筑风貌特色鲜明，现处于空置状态（图10-2-4～图10-2-6）。

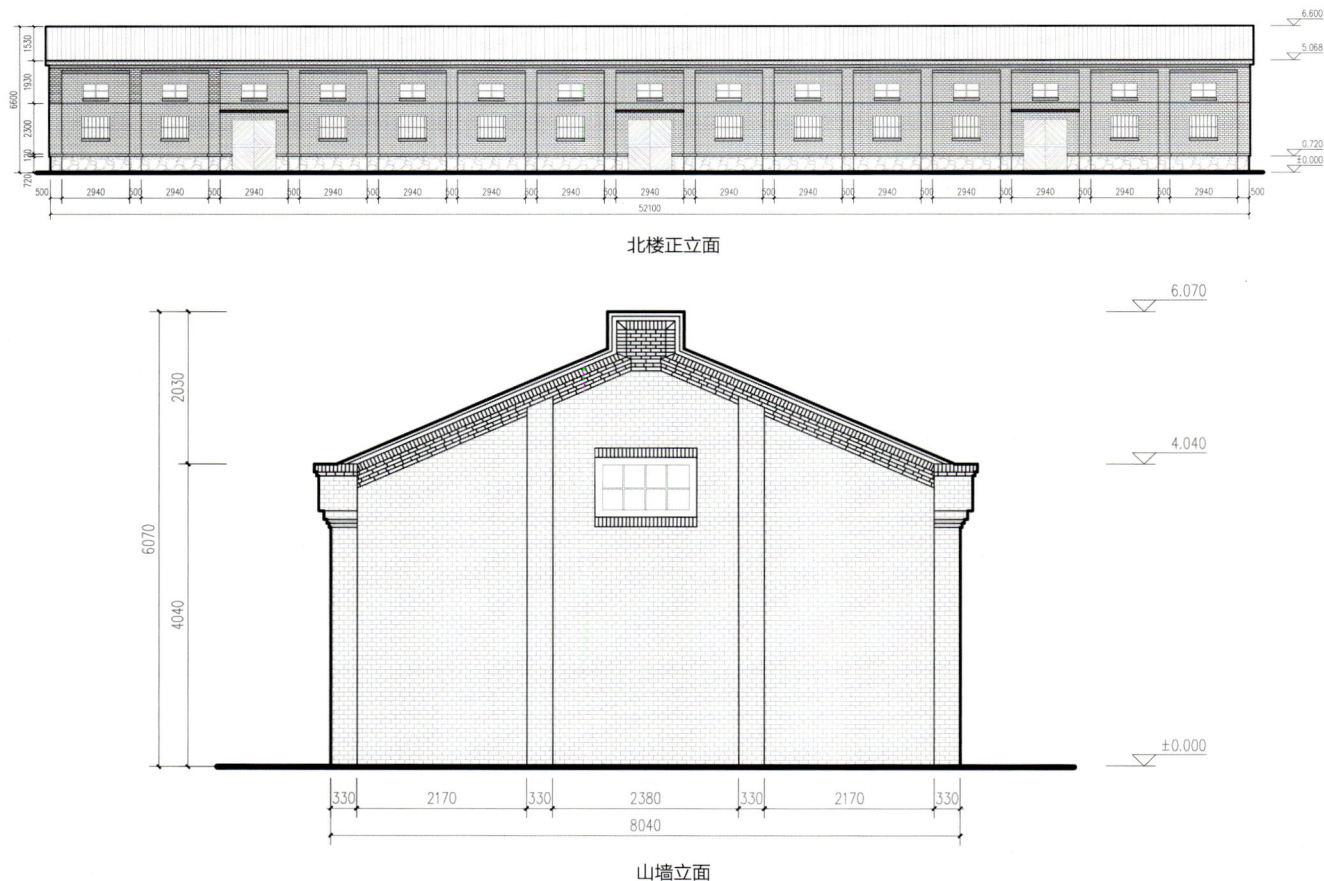

北楼正立面

山墙立面

图10-2-4 农机公司车间立面图（来源：王钰 绘）

图10-2-5 农机公司厂房现状1（来源：陈瑾 摄）

图10-2-6 农机公司厂房现状2（来源：陈瑾 摄）

农机公司门市部主体建筑为11开间一层平屋顶建筑。立面设计整体简洁大方，对称设计，左右两侧入口设计为内凹"八字形"门洞，大门两侧设置凸柱，上撑雨棚。两段式开窗设计，下层窗户通高，上层窗间墙有水泥浮雕制作"发展经济 保障供给"毛体字，体现了供销社当年在生活中的重要性。建筑整体结构与立面保存完整，局部墙面后被粉刷为粉绿色，与整体风格不协调。现处于空置状态（图10-2-7、图10-2-8）。

（三）医药公司

建于20世纪60年代，位于老城街14-2号，老城街与健康街交叉口东南角，非对称式一层单体建筑，平屋顶水平外出挑檐。建筑底部采用毛石勒脚，墙身为砖红色水刷石材质，红色木质窗框，上下窗之间以横梁过渡，窗外洞口有水泥窗套装饰线条。建筑结构完整，风貌保存良好。现处于空置状态（图10-2-9、图10-2-10）。

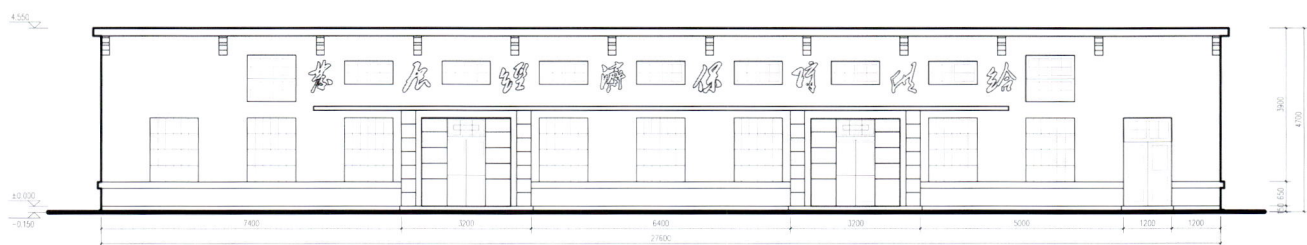

图10-2-7 农机公司门市部沿街立面图（来源：王钰 绘）

图10-2-8 农机公司门市部现状（来源：刘雨桐 摄）

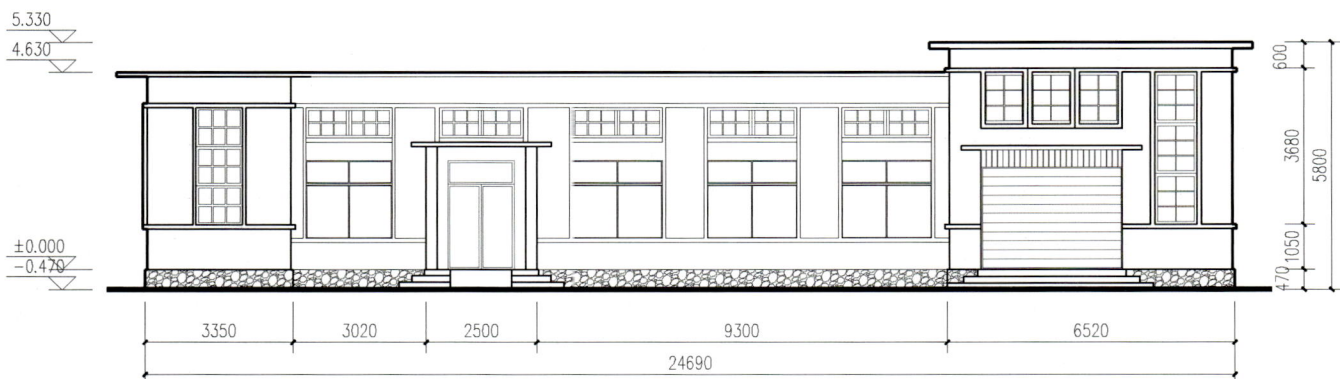

图10-2-9　医药公司沿街立面图（来源：寇俊涛、王钰 绘）

图10-2-10　医药公司现状（来源：李柏林 摄）

二、公共建筑

（一）老电影院

建于20世纪80年代，位于经二路与纬二路交叉口东南侧原护城河位置。两层通高砖混式结构，建筑北侧沿街门厅为平屋顶，南侧放映厅为双坡屋面，檐口装饰水泥线脚。建筑主体为清水红砖砌筑，立面无抹灰，外凸砖壁柱，原有窗户已更换为铝合金材质。建筑整体质量完好，现为协和医院门诊楼，除北侧沿纬二路立面被医院用格栅外包装修外，其余均维持原貌（图10-2-11～图10-2-13）。

南立面图

北立面图

东立面图

图10-2-11 老电影院立面图（来源：王钰 绘）

图10-2-12 老电影院现状1（来源：陈瑾 摄）

图10-2-13 老电影院现状2（来源：陈瑾 摄）

（二）老招待所

建于20世纪70年代，位于丁字街55号，老城街与丁字街十字路口西南侧，原为饮食服务公司老招待所，在新招待所建成前长期作为济阳举行重要政治活动的会议、住宿场所，在济阳人民心目中享有重要地位。建筑整体布局为"回"字形，两层砖混式结构，中有内院。东北角主入口外前伸三开间柱廊，上为露台。屋面檐口水平外挑，屋顶加盖蓝色彩钢双坡屋面，外立面经过翻新后现为灰白色真石漆，原做法不可见。建筑结构完整，整体使用维护较好，现作为培养服装制作、家政服务等专业务工人员的春风技校办学场地（图10-2-14~图10-2-16）。

（三）五金商店

建于20世纪80年代，位于老城街20号，老城街与丁字街十字路口东侧。一层平顶砖混式建筑，整体采用中轴对称水平三段式布局，底部采用毛石勒脚，墙身为砖红色水刷石材质，红色木质窗框。立面严整大方，门窗两段式设计，上下窗之间墙面装饰有交错菱形图案，窗外洞口有水泥窗套装饰线条。建筑主体结构完整，风貌保存完好，入口上方现留有"购物批发商场"门匾，现处于空置状态（图10-2-17、10-2-18）。

图10-2-14　老招待所沿街展开立面图（来源：由嘉欣、王钰 绘）

图10-2-15　老招待所主入口（来源：由嘉欣 摄）

图10-2-16　老招待所与老工商行（来源：由嘉欣 摄）

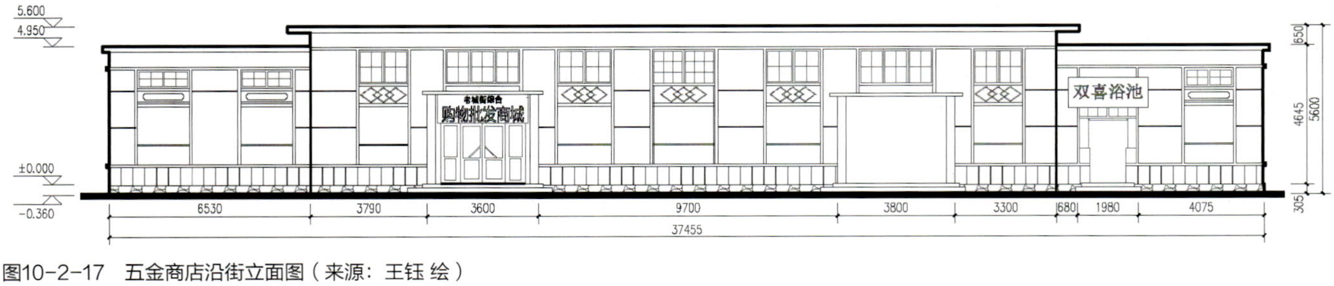

图10-2-17　五金商店沿街立面图（来源：王钰 绘）

图10-2-18　五金商店现状（来源：李柏林 摄）

（四）老工商行

建于20世纪80年代，位于经一路1号，老城街与丁字街十字路口西南侧，三层平顶砖混式建筑，室内外高差约1米。平面为两臂等长切角"L"形对称式布局。建成之初为工商银行，现为一休幼儿园在用，立面经翻新改造后用色夸张，使用桃红、明黄、粉绿等高明度纯色，与老城整体暖墙褐瓦的灰色基调产生强烈冲突（图10-2-19、图10-2-20）。

图10-2-19　老工商行沿街展开立面图（来源：寇俊涛、王钰 绘）

图10-2-20　老工商行现状（来源：杨晓璇 摄）

（五）老新华书店

　　建于20世纪70年代，位于经一路2号，老城街与丁字十字路口东北侧，与老工商行隔街相望。二层平屋顶式砖混建筑，立面手法简洁朴素，墙身为砖红色水刷石材质，水泥壁柱凸出于墙体。一层窗户外侧被红砖砌筑遮挡，仅留上部条窗，中间主入口上部悬挂"书籍是人类进步的阶梯"匾额。建筑主体结构完整，但门窗破损较为严重。现处于空置状态（图10-2-21、图10-2-22）。

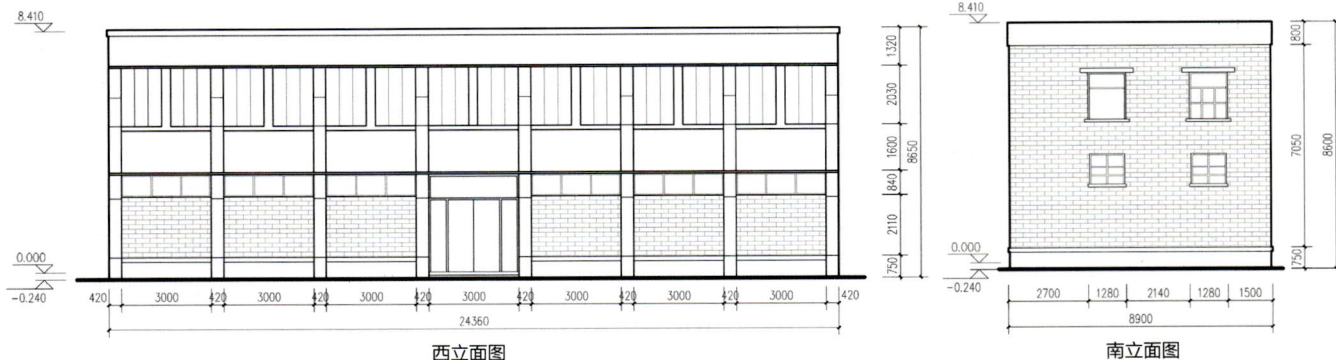

图10-2-21　老新华书店立面图（来源：寇俊涛、王钰 绘）

图10-2-22　老新华书店现状（来源：由嘉欣 摄）

第三节　设计实践成果

为探讨如何在有机保护和延续老城区传统风貌和空间肌理的基础上，为其空间更新和功能转型注入新的活力。山东建筑大学任震、周忠凯老师指导研究生开展了深入研究，并以"济阳老城核心区保护与更新城市设计"为课程设计题目，指导建筑学专业四年级本科生进行了设计实践，为引导当代大学生关注社会民生问题，促进理论联系实际、激发创新能力和探究精神，取得了积极的成效。疫情期间，6组学生在云端汇报了他们所做的济阳老城更新设计方案，各具创意的成果受到区政协高度肯定，对于推动济阳老城保护更新及历史文化的传承具有重要的参考意义，全国政协机关报《人民政协报》以"让城市留下记忆 让大家记住乡愁"为题报道了此次活动（图10-3-1）。

设计研究旨在尊重老城典型历史风貌和环境特色的基础上，通过研究塑造富有地域特色的居住、商业、办公、餐饮、文创产业等功能，对区域内的更新与发展做出积极探索，延续历史文脉，实现老城再生和空间激活。

济阳老城区更新设计研究中主要可采取"开发—更新""重构—改造""织补—加强"和"保护—整治"四种模式。通过"开发—更新"的模式，针对济阳发展要求及人群诉求进行小规模开发、小尺度新建，结合现有历史建筑，布置主要的公共服务和商业设施，置入餐饮休闲、民宿酒店、民俗文化展览和文创办公等功能，以满足城市发展要求以及人们功能的需求和对生活质量的要求，为济阳带来自我机体更新的动力，让济阳历史文化得以再生和延续；通过"重构—改造"的模式，针对济阳老城区中需要保护和传承的要素进行保留，对不符合时代发展、达不到功能要求的要素进行小规模调整和改造，以达到城市格局清晰、功能层次丰富、视觉层次清晰的目的；通过"织补—加强"的模式，在保护和传承的大方向下，对济阳老城区街道立面，原有老建筑的高度与形态、特征和色彩等要素进行精准的织补和修

图10-3-1　《人民政协报》2020年6月6日第三版（来源：《人民政协报》官网）

缮，满足济阳居民的需求，实现济阳老城区空间环境和生活品质的提升；通过"保护—整治"的模式，保留并强化济阳老城区内"十字轴线"的主体街区格局、恢复并重塑水体系统，保护重要历史遗存、生态景观、历史建筑及有价值院落，满足城市发展要求、提升城市环境品质与内涵。

以下是两组学生所做的城市设计方案：《蓝绿交融 文脉寻续》和《不落幕的联通"聚"场》。

一、蓝绿交融　文脉寻续

设计通过对道路进行织补，形成衔接良好道路网，对

基地历史水系进行还原，形成景观性环状公共空间。保留肌理完好的历史建筑，对其进行功能置换，拆除破损严重的建筑，加建新建筑，缝合肌理，围合空间。设计整体形成生态景观和文化商业两条轴线，古城墙边界与老城水系遗址围合而成以原有古树和历史建筑为核心的蓝绿交织景观轴；具有历史意义的十字主街发展为文化商业活动轴，置入餐饮、文创、特色手工业等新型产业，以经济发展激活老城活力。

设计在延续文脉肌理的基础上，置入多种功能，对空间节点进行场所设计，改善居民生活、保留城市记忆（图10-3-2～图10-3-9，来源：建筑学16级学生 张媛媛、邓馨、董一诺，指导教师：周忠凯、任震）。

图10-3-2　《蓝绿交融 文脉寻续》整体效果图

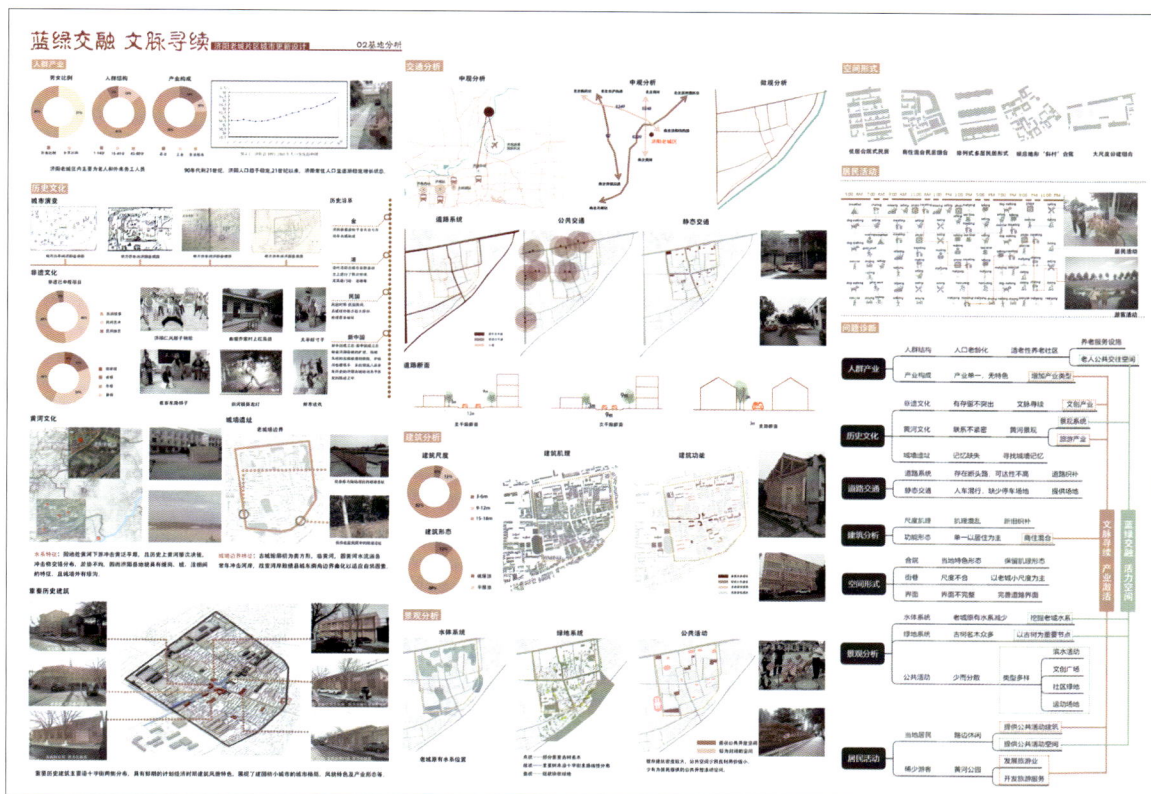

图10-3-3　《蓝绿交融 文脉寻续》基地分析图

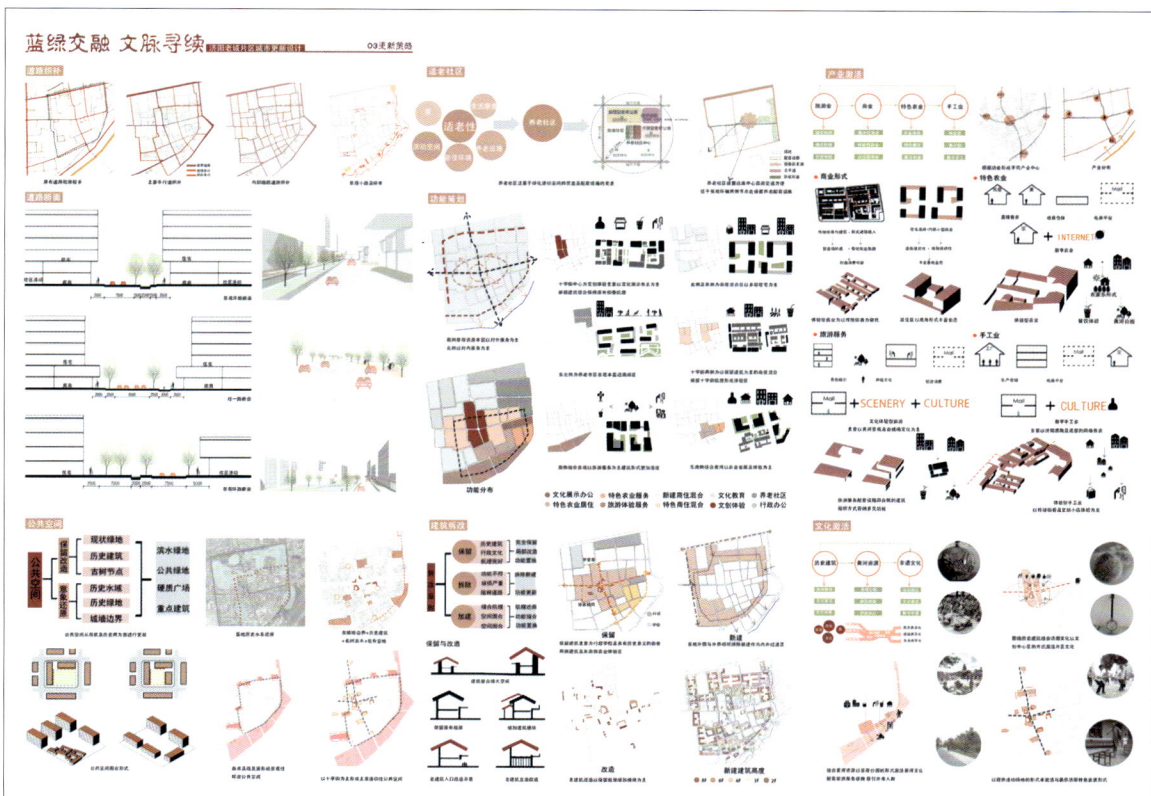

图10-3-4　《蓝绿交融 文脉寻续》更新策略图

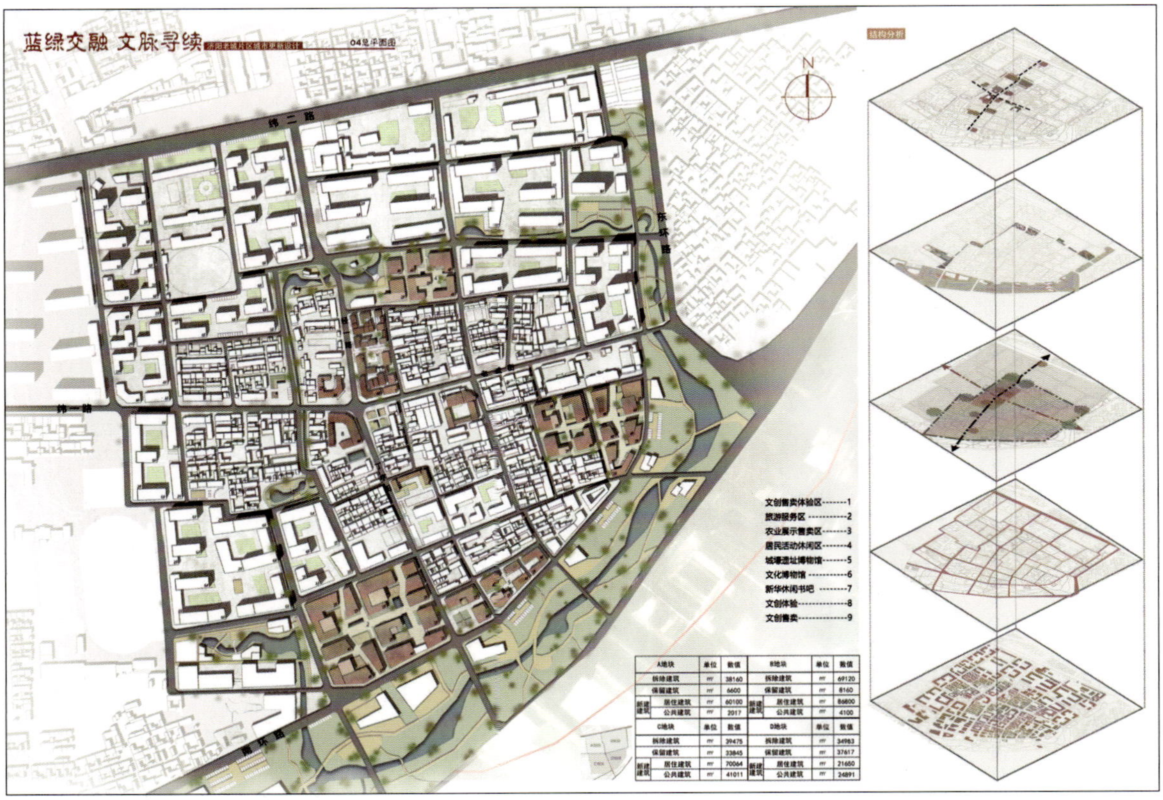

A地块		单位	数值	B地块		单位	数值
拆除建筑		m²	38160	拆除建筑		m²	69120
保留建筑		m²	6600	保留建筑		m²	8160
新建建筑	居住建筑	m²	60100	新建建筑	居住建筑	m²	86800
	公共建筑	m²	2017		公共建筑	m²	4100
C地块		单位	数值	D地块		单位	数值
拆除建筑		m²	39475	拆除建筑		m²	34983
保留建筑		m²	33845	保留建筑		m²	37617
新建建筑	居住建筑	m²	70064	新建建筑	居住建筑	m²	21650
	公共建筑	m²	41011		公共建筑	m²	24891

图10-3-5 《蓝绿交融 文脉寻续》总平面图

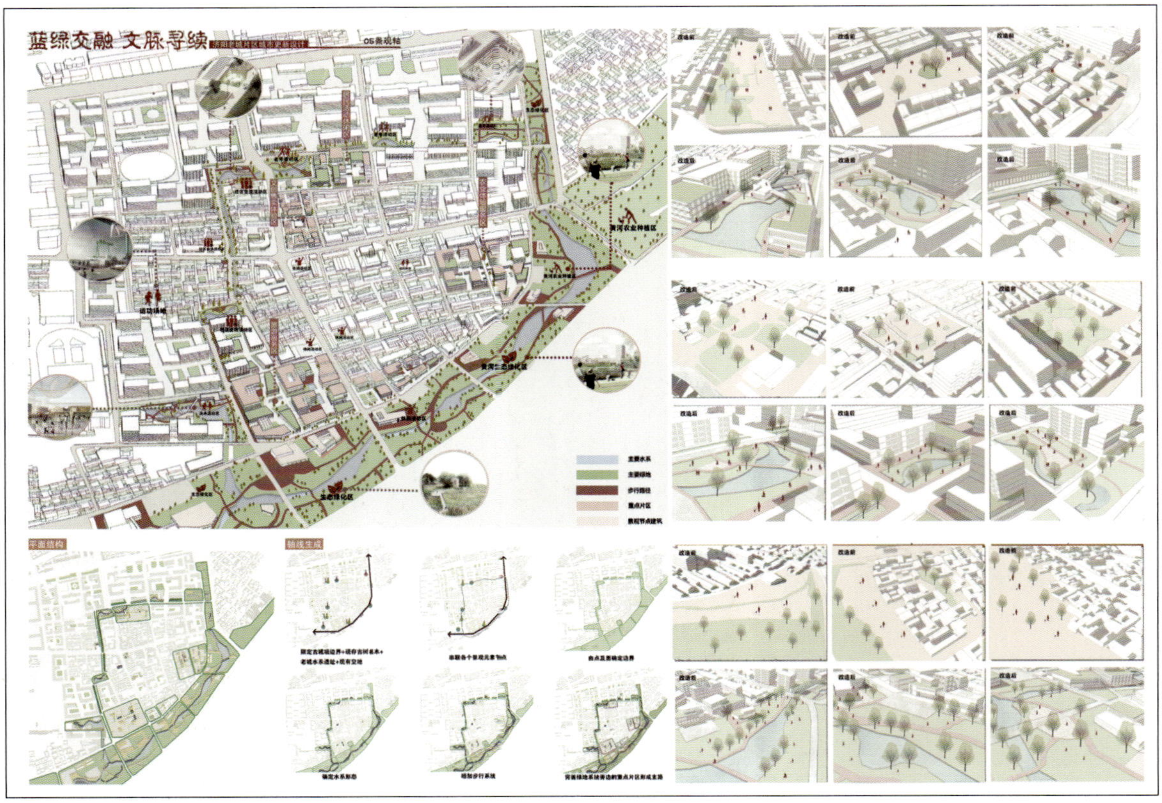

图10-3-6 《蓝绿交融 文脉寻续》景观轴线图

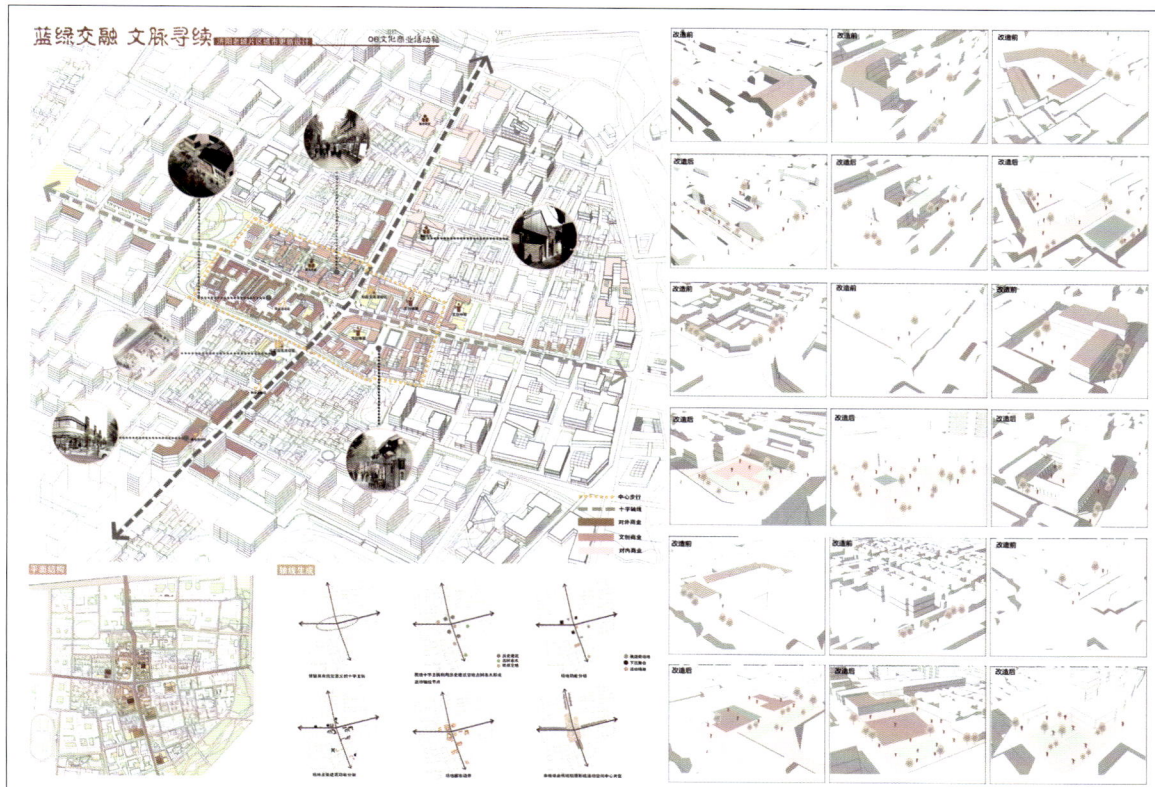

图10-3-7　《蓝绿交融 文脉寻续》商业文化活动轴线图

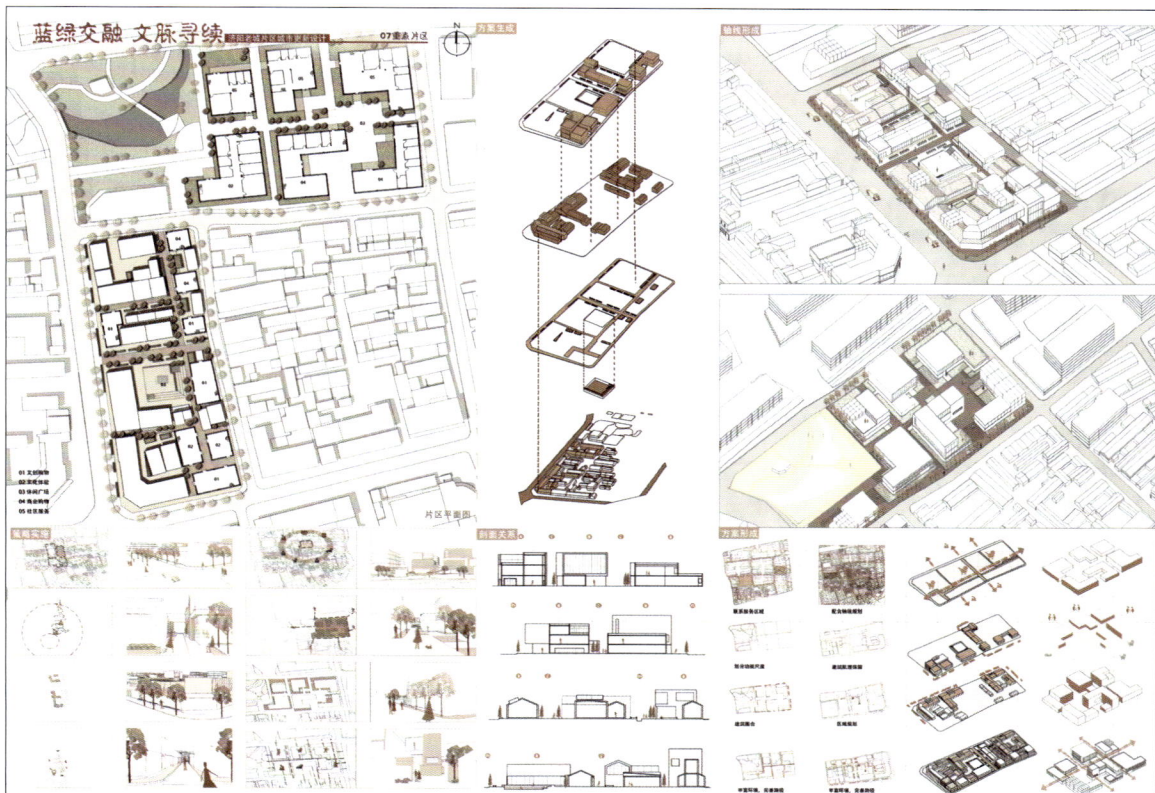

图10-3-8　《蓝绿交融 文脉寻续》重点片区设计图1

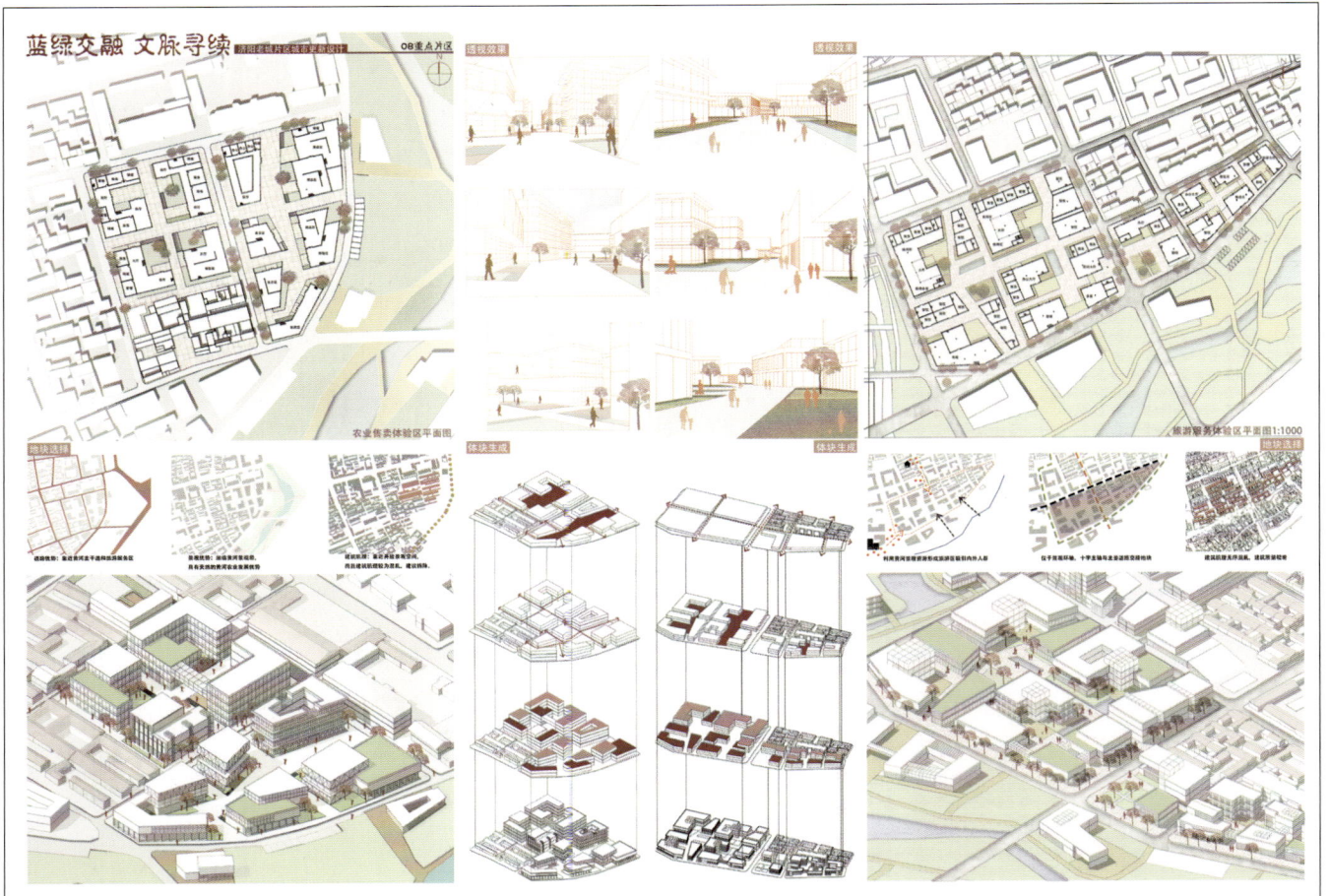

图10-3-9   《蓝绿交融 文脉寻续》重点片区设计图2

二、不落幕的连通"聚"场

　　设计将破碎的城市肌理和格局以记忆性和观赏性的方式串联在一起，利用济阳老城的历史资源，为济阳老城创造更美好的生活空间。

　　采用"连结、共享、修补"的策略概念，导流公共空间，将纪念性节点疏通联系、产生连结，提升街道通达度和记忆度。共享建筑空间，将建筑构件对外开放或者加建共享空间，增强边缘与割裂空间和人群的联系。空间缝合修补，修复旧有结构和缺失功能，提高空间可识别度和使用舒适性（图10-3-10～图10-3-21，来源：建筑学17级学生 胡家浩、刁永怡、聂甜玉、翟文凯、栾鸿宇，指导教师：任震、周忠凯）。

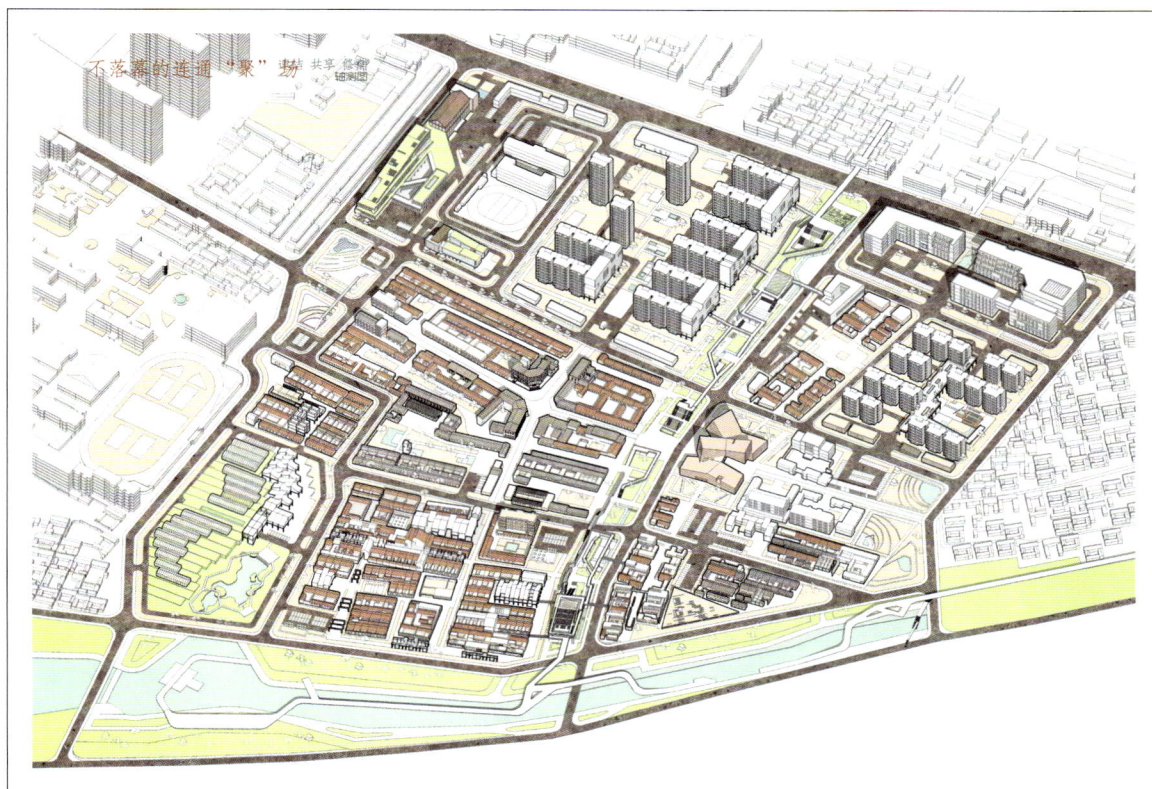

图10-3-10　《不落幕的连通"聚"场》整体轴测图

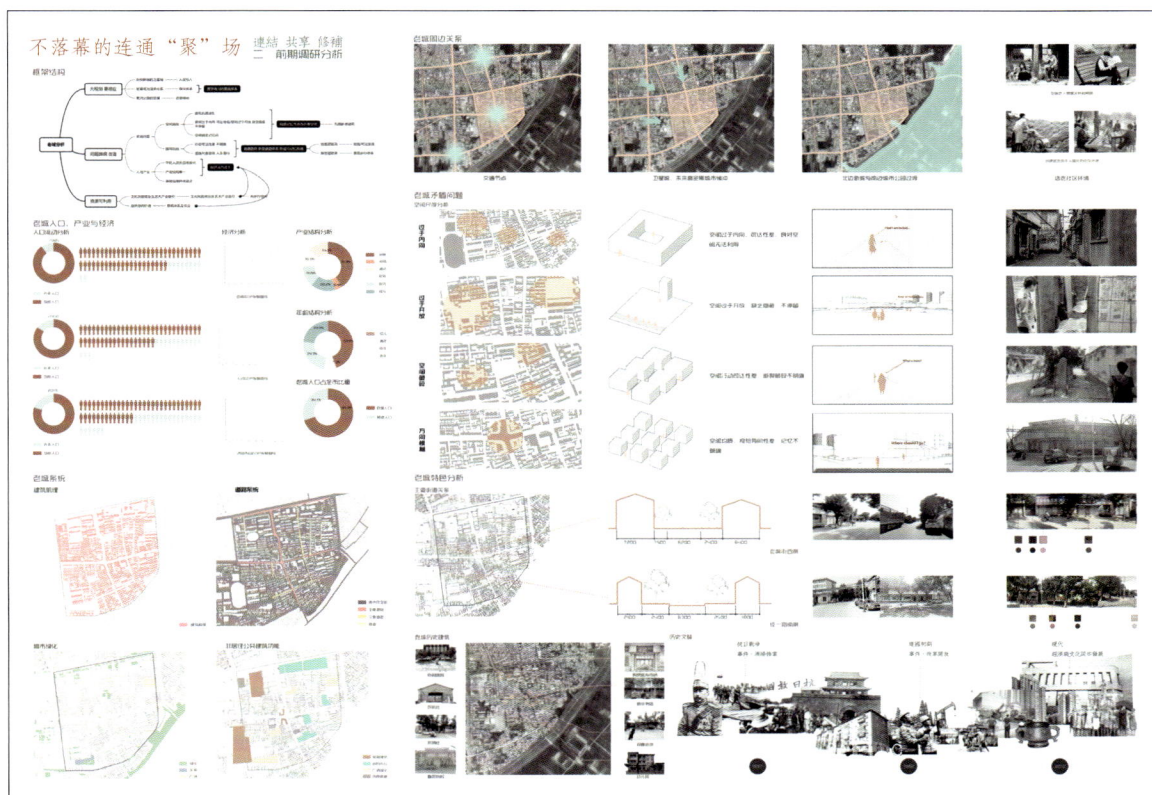

图10-3-11　《不落幕的连通"聚"场》前期调研分析图

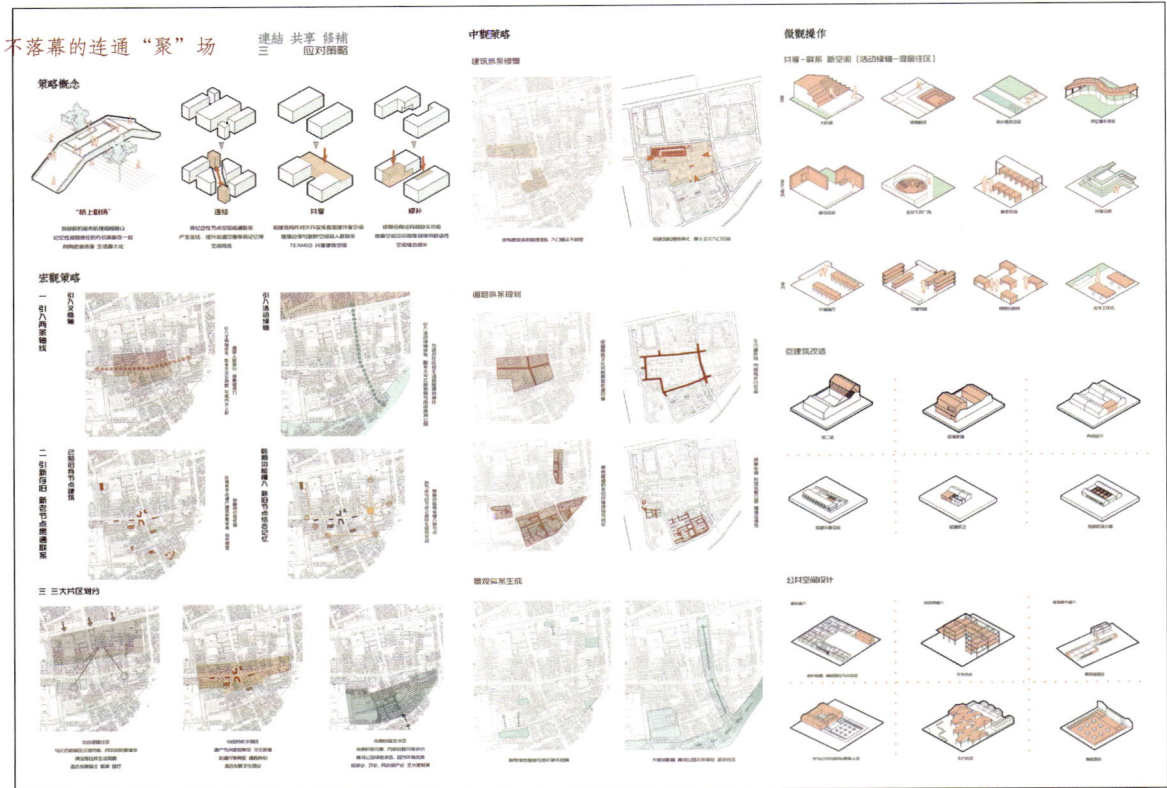

图10-3-12 《不落幕的连通"聚"场》应对策略图

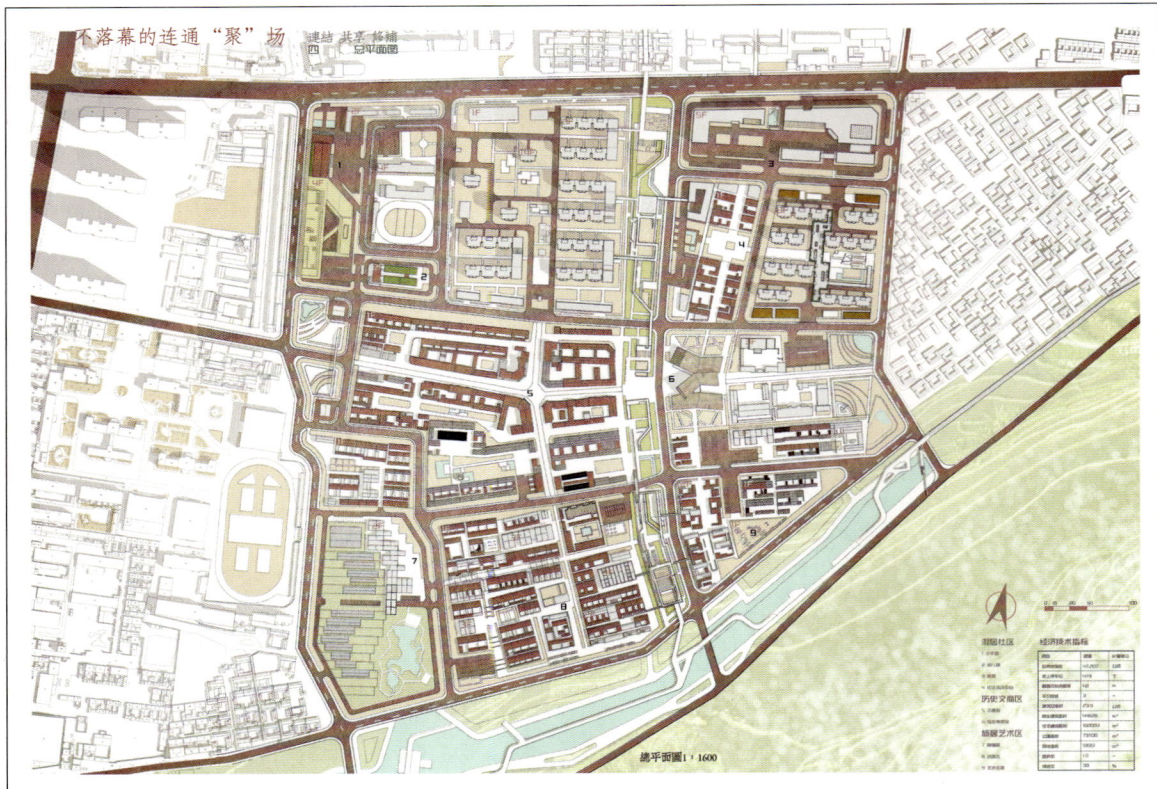

图10-3-13 《不落幕的连通"聚"场》总平面图

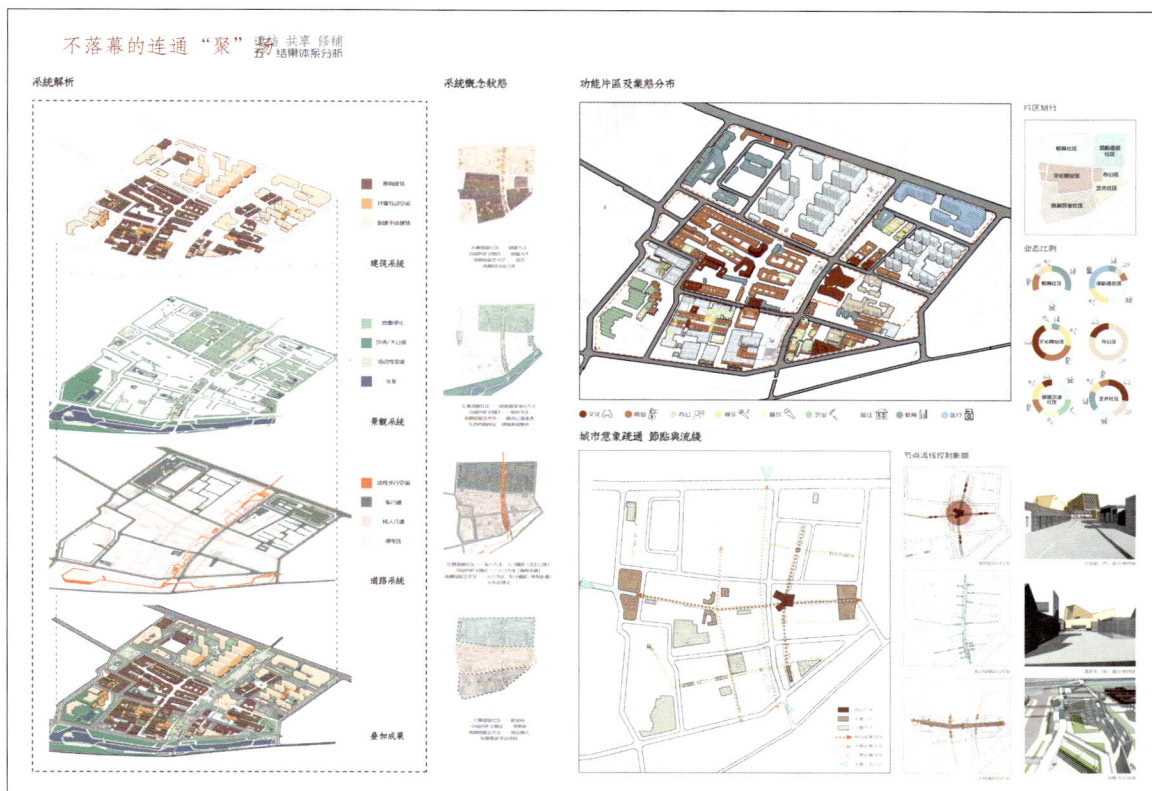

图10-3-14　《不落幕的连通"聚"场》结果体系分析图

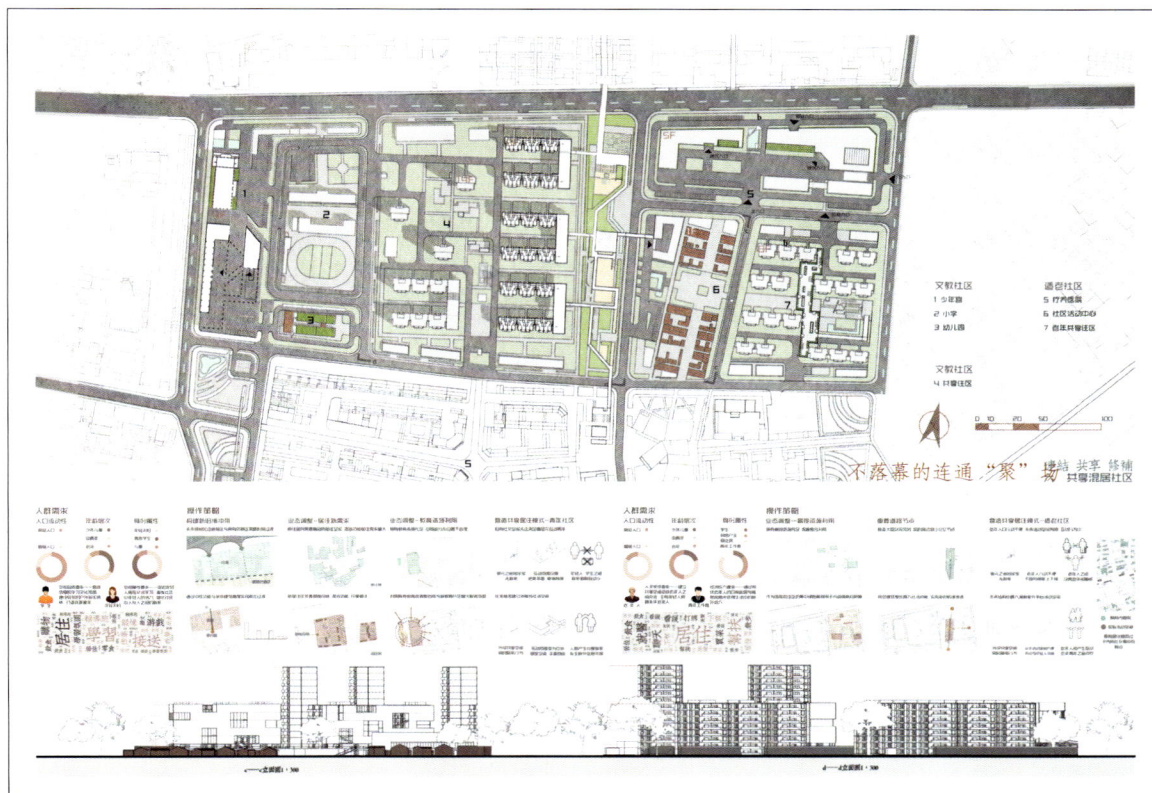

图10-3-15　《不落幕的连通"聚"场》共享混居社区图1

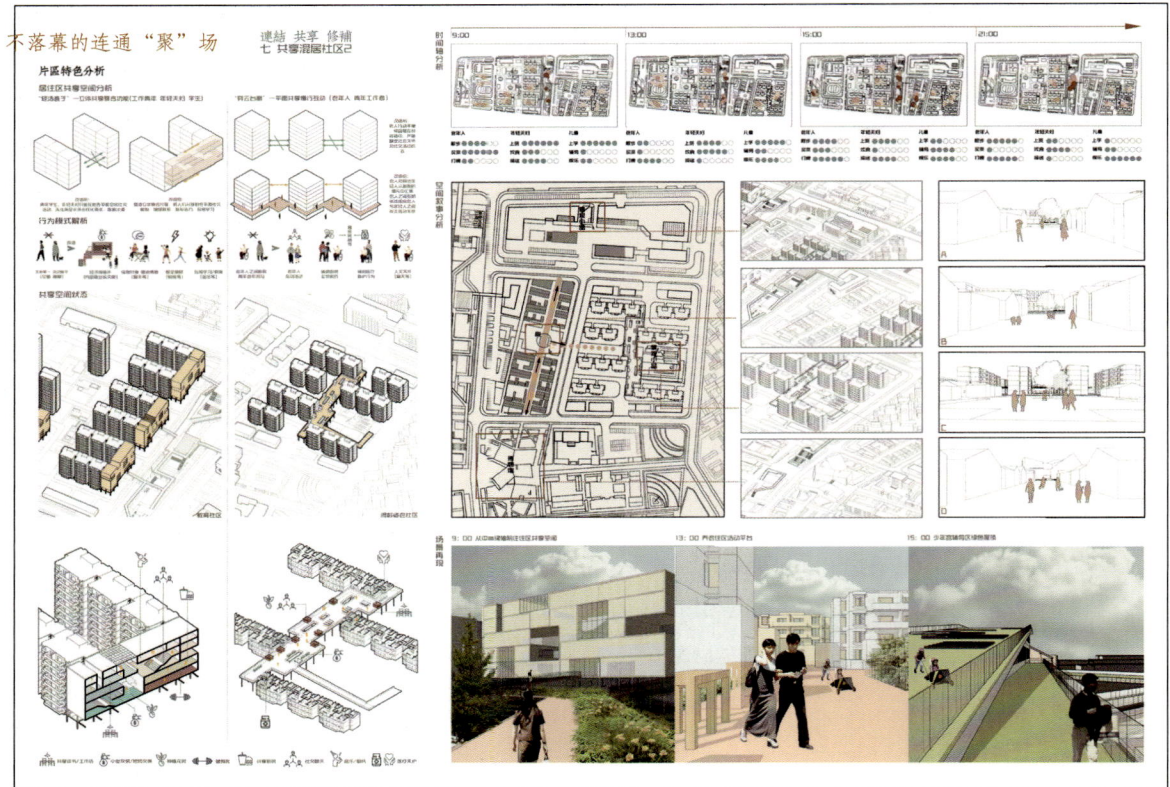

图10-3-16　《不落幕的连通"聚"场》共享混居社区图2

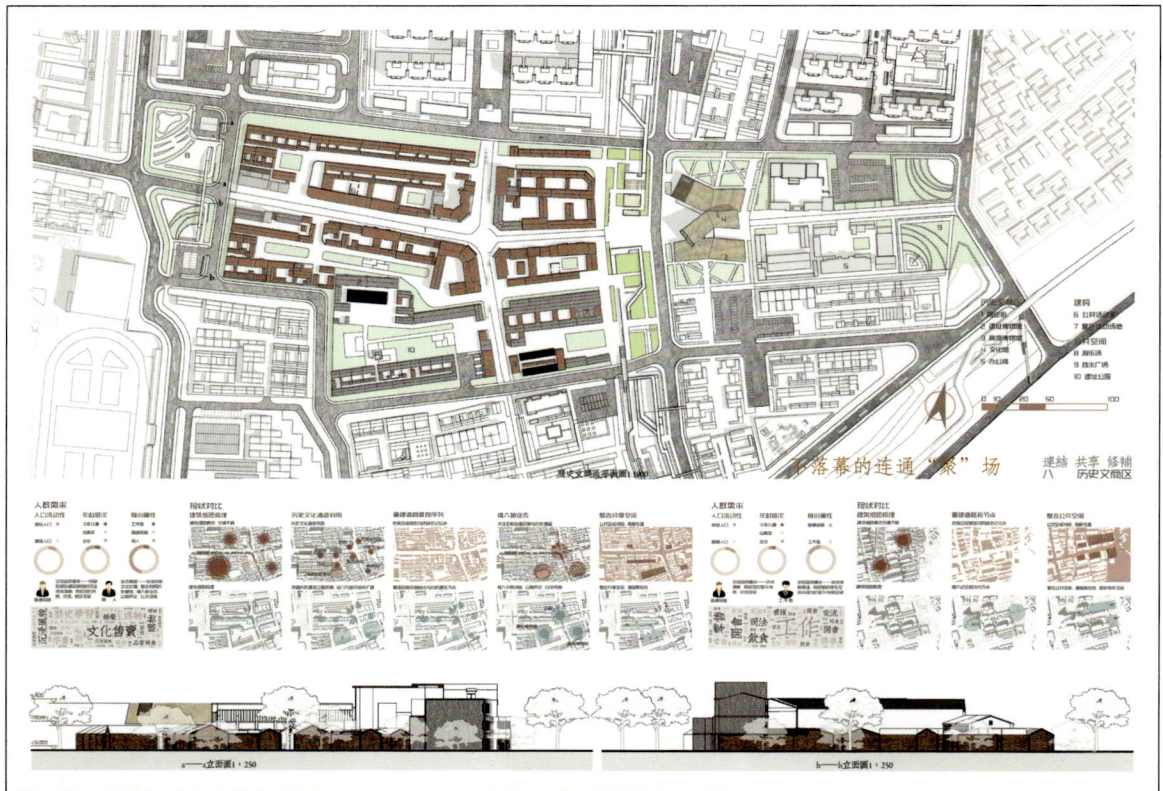

图10-3-17　《不落幕的连通"聚"场》历史文商区图1

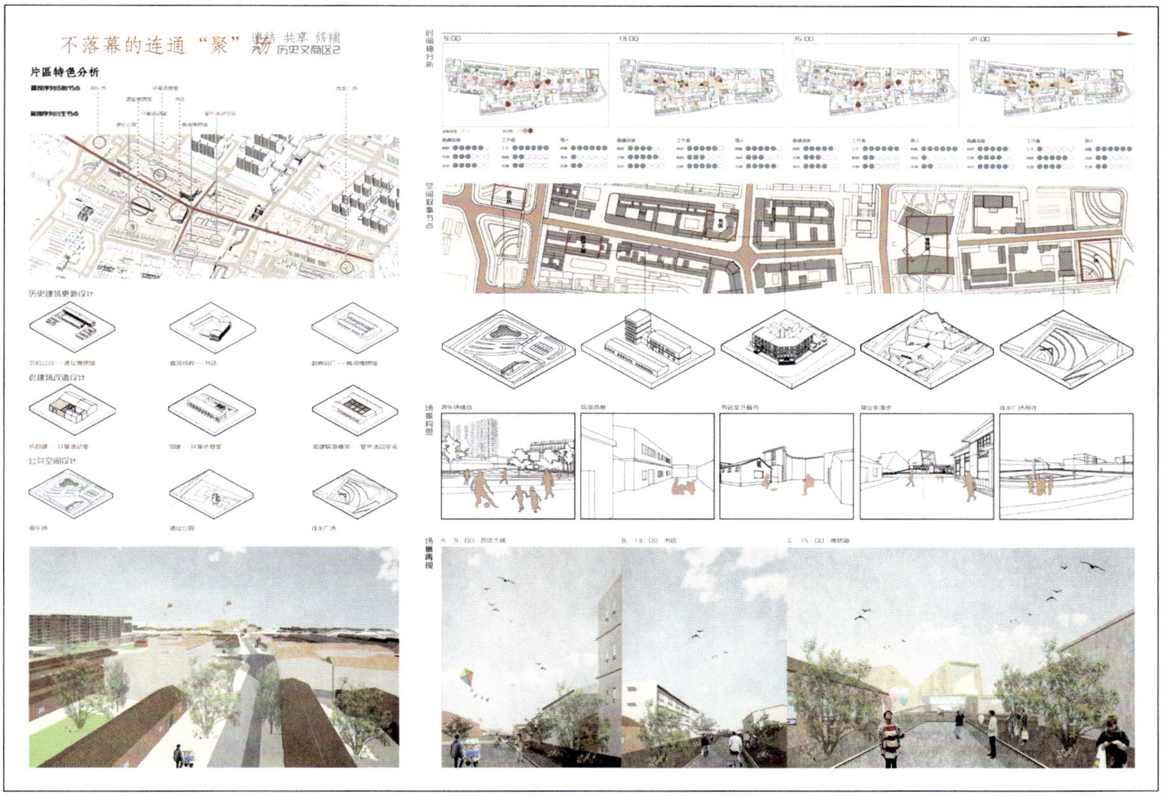

图10-3-18 《不落幕的连通"聚"场》历史文商区图2

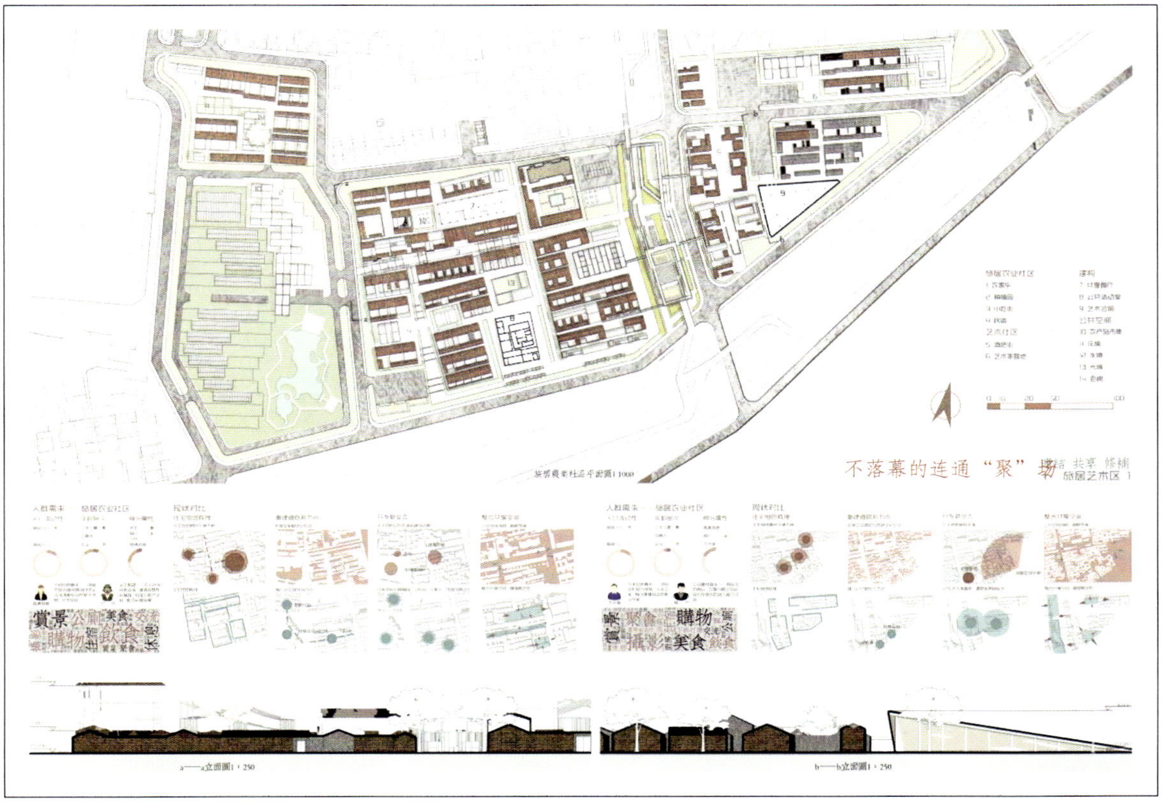

图10-3-19 《不落幕的连通"聚"场》旅居艺术区图1

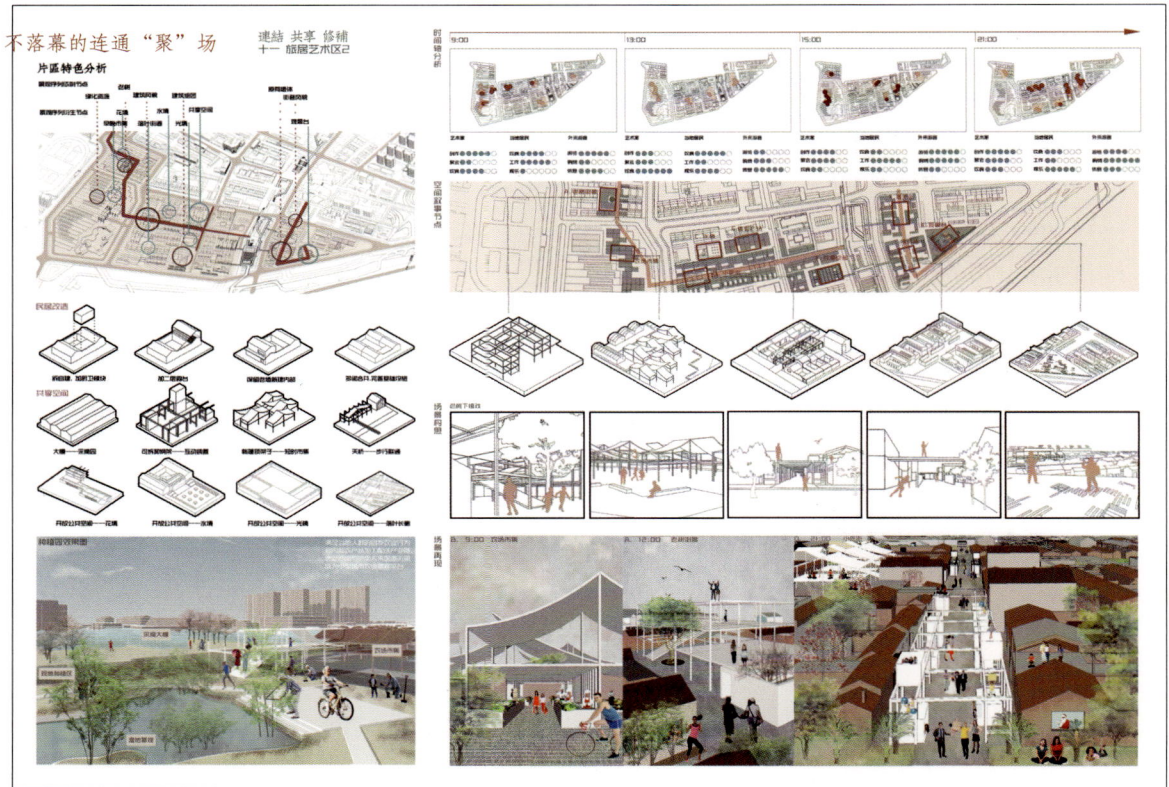

图10-3-20 《不落幕的连通"聚"场》旅居艺术区图2

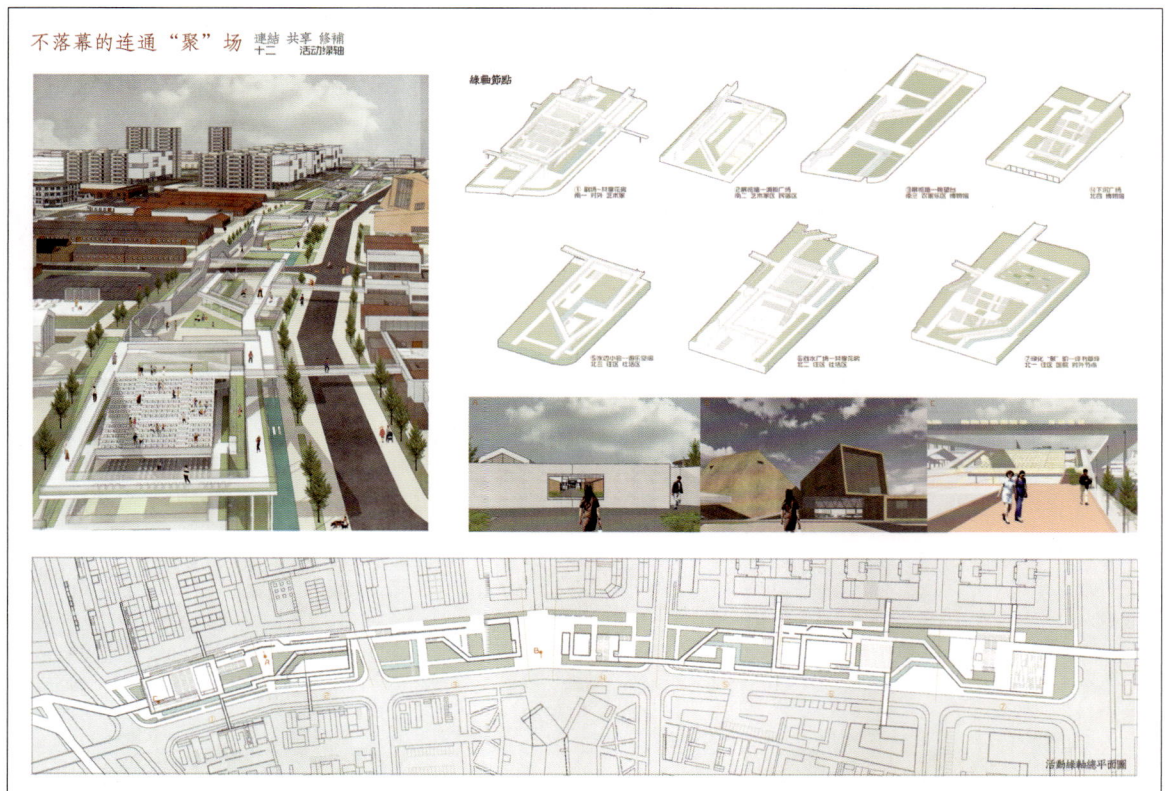

图10-3-21 《不落幕的连通"聚"场》活动绿轴图

附录一　调研回顾

本书自2018年夏季调研伊始至2022年岁首初编就付梓历经四载，掩卷回望一年半田野调查工作中的诸多环节，细微详尽地记录材料离不开调研团队踏实笃行的工作态度和倾忱坚持，成为书稿撰著的扎实支撑。以下对整个课题的调研过程做一个简要回顾，以记载我们的美好回忆（图1）。

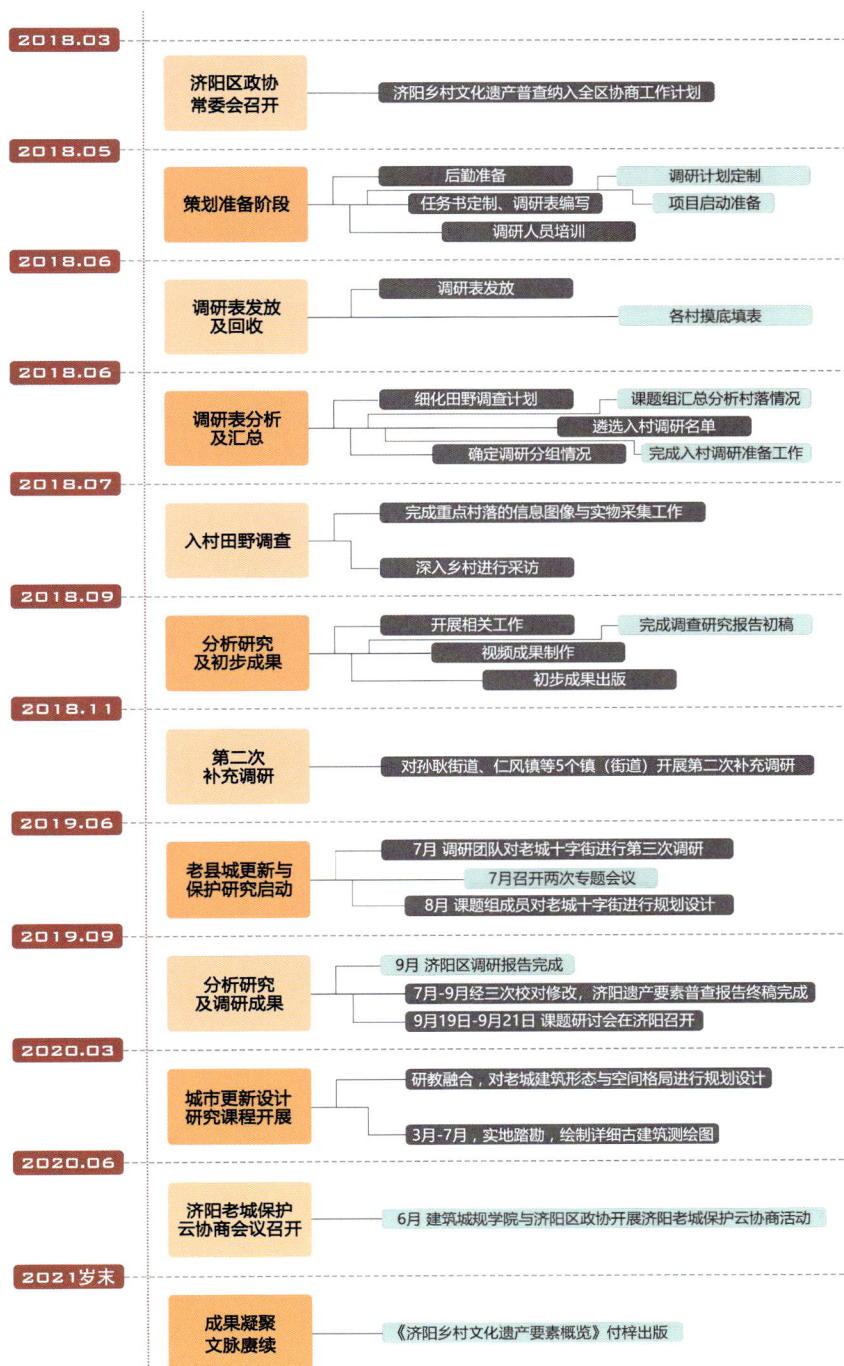

2018.03

济阳区政协常委会召开 —— 济阳乡村文化遗产普查纳入全区协商工作计划

2018.05

策划准备阶段
- 后勤准备 —— 调研计划定制
- 任务书定制、调研表编写 —— 项目启动准备
- 调研人员培训

2018.06

调研表发放及回收
- 调研表发放
- 各村摸底填表

2018.06

调研表分析及汇总
- 细化田野调查计划 —— 课题组汇总分析村落情况
- 遴选入村调研名单
- 确定调研分组情况 —— 完成入村调研准备工作

2018.07

入村田野调查
- 完成重点村落的信息图像与实物采集工作
- 深入乡村进行采访

2018.09

分析研究及初步成果
- 开展相关工作 —— 完成调查研究报告初稿
- 视频成果制作
- 初步成果出版

2018.11

第二次补充调研 —— 对孙耿街道、仁风镇等5个镇（街道）开展第二次补充调研

2019.06

老县城更新与保护研究启动
- 7月 调研团队对老城十字街进行第三次调研
- 7月召开两次专题会议
- 8月 课题组成员对老城十字街进行规划设计

2019.09

分析研究及调研成果
- 9月 济阳区调研报告完成
- 7月-9月经三次校对修改，济阳遗产要素普查报告终稿完成
- 9月19日-9月21日 课题研讨会在济阳召开

2020.03

城市更新设计研究课程开展
- 研教融合，对老城建筑形态与空间格局进行规划设计
- 3月-7月，实地踏勘，绘制详细古建筑测绘图

2020.06

济阳老城保护云协商会议召开 —— 6月 建筑城规学院与济阳区政协开展济阳老城保护云协商活动

2021岁末

成果凝聚文脉赓续 —— 《济阳乡村文化遗产要素概览》付梓出版

图1　课题工作时间轴

一、调研准备

2018年3月经济阳区委常委会批准，"古村落、古树木、古街区普查和保护利用"协商课题纳入全区协商二作计划。政协济阳区委员会与山东建筑大学建筑城规学院纽成联合课题组，开展了计划安排、人员组成、问卷设计、现况摸底、物料准备等一系列前期准备工作（图2）。

二、调研启动

2018年7月20日在济阳崔寨街道青宁村举行乡村遗产要素普查启动仪式（图3、图4）。

山东卫视、大众日报、齐鲁晚报、济南日报、生活日报、大众网、新浪网、人民网、山东省交通广播等多家媒体对课题启动仪式进行了报道（图5）。

图2　调研装备

图3　启动仪式

图4　启动仪式

图5　相关报道

三、调研过程

2018年7月21日～2018年7月25日由双方共同组成的10支调研团队深入乡村进行田野调查，完成近300个重点村落的影像与资料采集工作（图6）。

图6　田野调查撷影

图6   田野调查撷影（续）

四、调研结束

2018年7月25日为期五天的调研活动结束，济阳区政协领导欢送山东建筑大学调研师生返校（图7）。

图7   调研结束返校前合影

五、调研成果

2018年7月～2018年11月，对调研的照片、视频、访谈进行整理，初步完成各镇、街、乡村遗产要素普查研究报告（图8）。并重点对孙耿街道、仁风镇等5个镇、街的部分乡村开展补充调研。

2019年9月19日～2019年9月21日召开"济阳乡村遗产要素调查与研究课题"学术研讨会。来自同济大学、中央美术学院、中国建筑工业出版社、山东建筑大学乡伴文旅集团和济南市社科院、济南园林开发建设集团的专家们通过一天半的实地考察后认真听取了研究团队对课题研究的总体过程和成果汇报，给予了充分肯定并提出积极的建议（图9、图10）。

图8 各镇街调研成果报告

专家在卢氏旧居实地考察

专家在申庄清真寺考察

专家在周氏庄园实地考察

专家和部分区政协课题组成员在葛店引黄闸合影

图9 专家实地合影

2019年9月24日济阳区政协召开第十届济南市济阳区委员会常务委员会第十五次会议，区委副书记、区长孙战宇、区政协主席任道胜以及区自然资源局、区住房和城乡建设局、区文化和旅游局、区公用事业发展中心、区旅促中心等职能部门和各镇、街负责领导听取了课题负责人任震对济阳乡村遗产要素保护与发展研究成果汇报（图11）。

2020年6月结合城市设计课程教学，引导学生"学研一体"关注社会问题，与济阳区政协开展了济阳老城区保护云协商活动（图12），学生们在线汇报了所完成的济阳老城城市等新设计方案。

2020年9月对老城区内重点历史建筑进行测绘（图13），进一步丰富完善了研究成果。

图10　学术研讨会

图11　区领导和相关部门听取成果汇报会议现场

图12　云协商会议现场

图13　老城区历史建筑测绘现场

附录二　济阳村落分布示意图

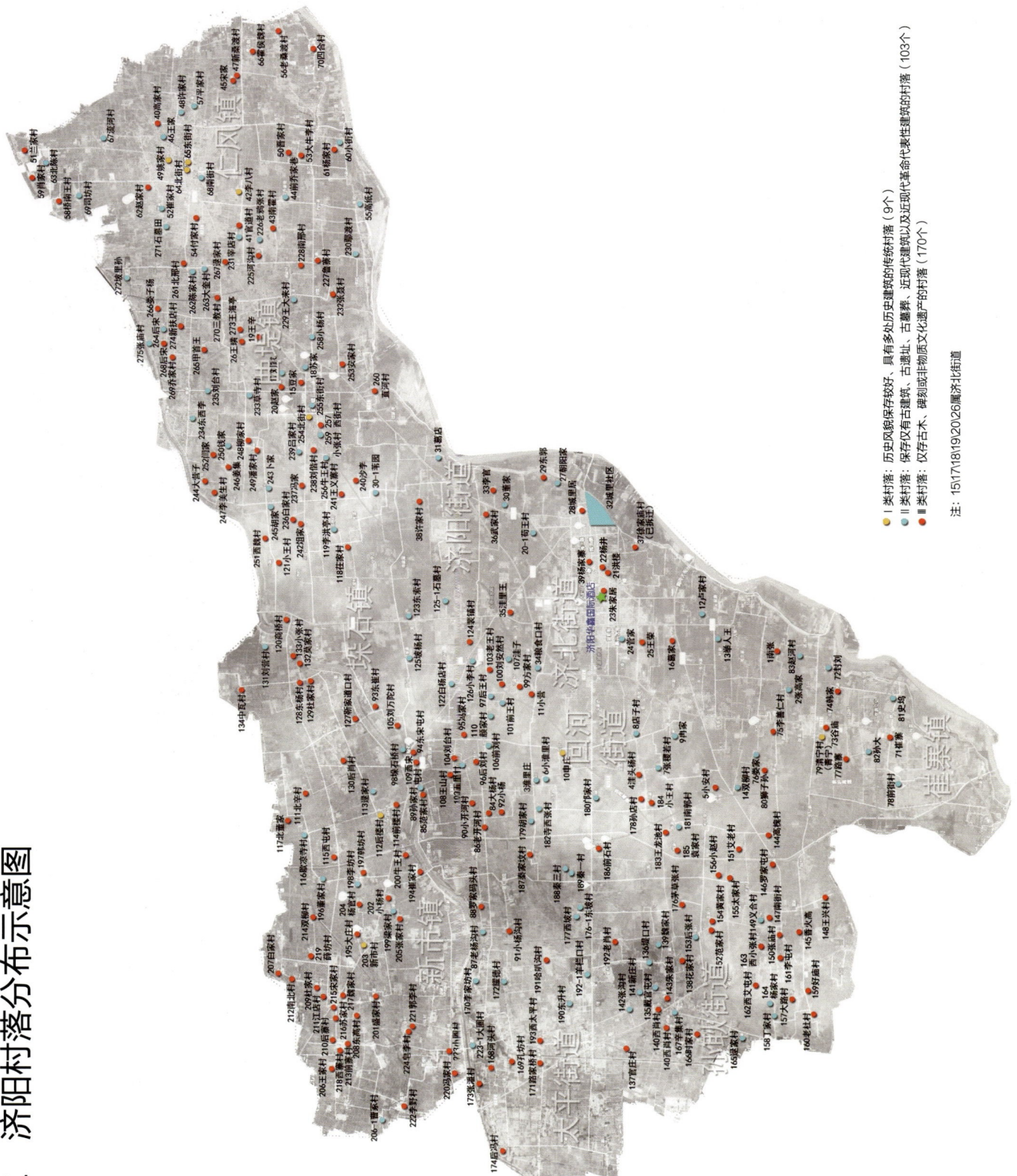

附录三　济阳老城航拍图

（来源：济南市济阳区住建局）

参考文献

Reference

[1] 济南市政协文史资料委员会，政协济阳县委员会. 济南区域文史存珍·济阳县卷［M］. 济南：济南出版社，2010.

[2] 济阳县志编纂委员会. 济阳县志（1840-1990）［M］. 济南：济南出版社，1994.

[3] 彭兴林. 中国古城名胜图志［M］. 济南：山东美术出版社，2011.

[4] 济阳县志编辑委员会. 济阳县志（1991-2015）［M］. 北京：方志出版社，2015.

[5] 济阳县志编辑委员会. 济阳县志集［M］. 济南：济南出版社，1998.

[6] 刘璟，王嗣鋈. 济阳县志［M］. 1934.

[7] 李慧广. 历史的济阳［M］. 济南：济南出版社，2018.

[8] 济阳县水利志编委会. 济阳县水利志［M］. 济南：济南新闻出版局，1990.

[9] 万历济阳县志［M］. 国学文献馆，明（万历）.

[10] 政协济阳县委员会. 文史资料（1-15辑）［M］. 济南：政协济阳县委员会.

[11] 山东黄河河务局济阳修防段. 济阳县黄河志资料汇编（1985）［M］. 济南：山东黄河河务局济阳修防段，2015.

[12] 姜荣昌. 济阳历史人文：千年胜迹［M］. 济南：中共济阳县委宣传部，2004.

[13] 中共济南市济阳区委宣传部. 回眸——纪念济阳改革开放40周年暨济阳撤县设区［M］. 北京：积成影像有限公司

[14] 政协济南市济阳区委员会. 济阳文史第一卷［M］. 北京：中国文史出版社，2019.

[15] 政协济南市济阳区委员会. 济阳文史——村落史话［M］. 济南：山东齐鲁音像出版有限公司，2021.

[16] 政协济南市济阳区委员会，山东建筑大学. 济阳乡村遗产要素普查与风貌特色研究. 2018.11.

[17] 济南市人民政府官网. http://www.jinan.gov.cn/

[18] 济南市济阳区人民政府官网. http://www.jiyang.gov.cn/

[19] 山东建筑大学官网. https://www.sdjzu.edu.cn/

[20] 中国共产党新闻网. http://cpc.people.com.cn/

[21] 文化济阳微信公众号.

[22] 新济阳微信公众号.

[23] 济阳文旅云平台.

后 记

Postscript

在济阳乡村遗产要素普查调研中，师生们深切感受到了济阳区政协领导干部和村民群众对家乡沃土无比的热爱和深厚的感情，令我们感动和深感责任在肩，为此笔耕不辍完成本书为建设济阳美好明天奉献自己的最大力量，同时希望在以后能够继续对课题进行研究和应用。

感谢参与调研的山东建筑大学建筑城规学院教师：任震、赵斌、金文妍、于涓、王茹、倪剑波、石涛、高晓明、王宇、张文波、陈勐、王越、黄春华、肖华斌、宋凤、周忠凯等。

感谢参与调研的区政协课题组成员：任道胜、乔红兵、盛伟、张秀花、郑海军、张兴利、李庆民、王振海、贾传曾、胥保领、李海英、张森、潘晓芳、孙经周、邝西华、程玲、杨斌、高明英、博凌、刘德港。

感谢参与调研的山东建筑大学建筑城规学院建筑、规划、风景园林三个专业的研究生和本科生，如今许多人已经走上了工作岗位，这段经历对他们的未来发展起到了积极的影响。

特别要感谢的是510工作室2018~2021级的研究生们，他们为整个调研和本书的完成付出了辛勤的劳动！陈瑾作为学生队长出色地协助老师完成了各项前期准备和现场组织，为调研的圆满开展做出了突出贡献；陈瑾、李柏林、由嘉欣、张本淏、张金超、王相屹等持续跟进了后期补充调研和济阳老城区城市设计研究；刘雨桐、韩广辉、高晓雷、杨晓璇、齐心怡、宋莉萍等主要参与了本书最后的文字整理和校对工作；寇俊涛、王钰、刘雨桐为本书补充采集了部分照片。尤其感谢刘雨桐为本书绘制了大量精美插图并在汇稿阶段反复校对。你们对于学习的积极态度和工作精神值得肯定和骄傲。

最后，再次对以上参与本书工作的师生、领导以及帮助支持我们的济阳父老乡亲表示最诚挚的感谢！